SÉ *un* HOMBRE
de
FE INQUEBRANTABLE

CON COMENTARIOS Y PRÓLOGO POR

Joel Osteen

SÉ *un* HOMBRE
de
FE INQUEBRANTABLE

JOHN OSTEEN

GRUPO NELSON
Una división de Thomas Nelson Publishers
Desde 1798

NASHVILLE DALLAS MÉXICO DF. RÍO DE JANEIRO

© 2013 por Grupo Nelson®
Publicado en Nashville, Tennessee, Estados Unidos de América. Grupo
Nelson, Inc. es una subsidiaria que pertenece completamente a Thomas
Nelson, Inc. Grupo Nelson es una marca registrada de Thomas Nelson, Inc.
www.gruponelson.com

Título en inglés: *Becoming a Man of Unwavering Faith*
© 2011 por Dodie Osteen
Commentary y Foreword © 2011 por Joel Osteen
Publicado por FaithWords, Hachette Book Group, 237 Park Avenue,
Nueva York, NY 10017. www.faithwords.com. El nombre y el logotipo de
FaithWords son marcas registradas de Hachette Book Group, EE.UU.

Esta edición se publica bajo acuerdo con Faith Words, Nueva York, Nueva
York, EE.UU.

Editora en Jefe: *Graciela Lelli*
Traducción y adaptación del diseño al español: *Ediciones Noufront /
www.produccioneditorial.com*
ISBN: 978-1-60255-885-4

Impreso en Estados Unidos de América
13 14 15 16 17 RRD 9 8 7 6 5 4 3 2 1

Contenido

Prólogo vii

Introducción xi

1. Un hombre de fe puede cambiar su destino 1

2. Un hombre de fe cree en la Palabra de Dios 13

3. Un hombre de fe ve y oye lo que el mundo no puede ver
   ni oír 29

4. Un hombre de fe ora de todo corazón aunque ya haya
   escuchado la respuesta 41

5. Un hombre de fe es fuerte cuando no hay pruebas de la
   respuesta 57

6. ¡Un hombre de fe nunca se da por vencido! 69

7. Un hombre de fe sigue adelante cuando solo hay una
   pequeña evidencia 89

8. Un hombre de fe cree en lo grande cuando ve lo
   pequeño 103

9. Un hombre de fe empieza sin nada, pero acaba haciendo
   grandes cosas 115

10. Fe para nuestros amigos y familia 125

11. El mensaje que Dios confía a los hombres de fe 141

12. Qué hacer cuando parece que nada funciona 155

13. Jesús, el autor y consumador de nuestra fe 175

Acerca de los autores 185

Prólogo por Joel Osteen

Cuando era joven, a menudo oía a mi padre decirle a nuestra congregación: «Quiero que miren ahí fuera conmigo hoy y vean ese nuevo santuario». En aquel tiempo, nos reuníamos en un pequeño edificio destartalado. Pero papá decía: «Quiero que vean ese nuevo edificio terminado y pagado». La gente que nos visitaba aquel domingo en particular probablemente pensó que estábamos locos. Pero papá decía: «Cierren los ojos y vean ese nuevo santuario conmigo a través de sus ojos de la fe. Véanlo lleno de gente adorando a Dios». Vimos aquel santuario muchos años antes de que estuviera construido. Y hoy, los dieciséis mil asientos de la iglesia de Lakewood en Houston se llenan cuatro veces cada fin de semana.

Así era mi padre: un hombre de fe cuya vida y ministerio fueron moldeados a través de la adversidad y los grandes desafíos. Cuando leas este libro verás exactamente a qué me refiero, y no me cabe duda de que su mensaje te inspirará.

Lo hermoso de la vida de mi padre fue que él era un hombre de gran integridad. Para mí, eso significa que era el mismo tanto en casa como en la iglesia o delante de otras personas. Su sinceridad tuvo un tremendo impacto en mí y en mis hermanos, y estoy seguro de que es una razón importante de por qué hoy los cinco estamos trabajando en el ministerio.

Papá fue una fuente constante de inspiración para nosotros. De niño creció en la pobreza de la era de la Gran Depresión sin casi nada. Pasados los años me contó que «habiendo crecido en aquella pobreza, a veces sin comida y con los pantalones y zapatos agujereados, decidí en mi corazón que mis hijos jamás experimentarían lo mismo». Para nosotros, ver su determinación y fe en Dios marcó la pauta de nuestras vidas.

Mi padre también era un increíble ejemplo de amabilidad y compasión por los demás. Tenía un gran corazón para la gente. No importaba quién era la persona, si era rica o pobre, si estaba en lo alto o en lo más bajo, mi padre estaba con ellas. Siempre creía en lo mejor de la gente, y eso es lo que intentaría sacar de ellas.

El mensaje íntegro de mi padre era que puedes llegar más alto, puedes vencer y con Dios todas las cosas son posibles. Pero él no solo hablaba de ello. Lo vivió delante de nosotros, y durante más de cuarenta años pastoreó la iglesia de Lakewood con gran amor y fidelidad.

Al final de cada capítulo he añadido una breve reflexión personal. Confío en que este libro te ayudará a abrir las puertas que te lleven a convertirte en un hombre de fe inquebrantable. No importa dónde estás o qué desafíos enfrentas, ¡puedes empezar a disfrutar de una nueva vida a medida que seas transformado y renovado por la Palabra de Dios!

Él fue un hombre de fe

   cuya vida y ministerio fueron moldeados

a través de la adversidad y los grandes desafíos.

Introducción

Todos los hombres se enfrentan a luchas y tentaciones. Hay momentos en los que cada hombre se siente rodeado de problemas por todas partes. Abrumado.

Desgraciadamente, muchos se convencen de que su destino es sufrir dolor, enfermedades, problemas, ansiedades y fracasos. Algunos se resignan a que no se puede hacer nada por su situación.

La Biblia dice: «En este mundo afrontarán aflicciones» (Juan 16.33). Llegará el tiempo, si no ha llegado ya, en el que vas a tener que creer en Dios para algo importante: tu matrimonio, tus finanzas, tus hijos, tu crecimiento espiritual, tu salud... Necesitas saber cómo acercarte a Él con una fe inquebrantable y cómo permanecer en la Palabra de Dios.

Mi propio viaje personal para convertirme en un hombre de fe empezó durante la Gran Depresión, cuando era niño en una plantación de algodón con cinco hermanos. De pequeño pensaba muchas veces en Dios, pero llegué a la adolescencia sin apenas haber pisado una iglesia. Mi mejor amigo, Sam Martin, me hablaba constantemente acerca del amor de Dios, pero yo no le escuchaba, y decidí dejar a Jesús fuera de mi vida.

A los diecisiete años me encontraba sin paz interior. Una noche, mientras regresaba a casa caminando de una discoteca en Ft. Worth, Texas, a las dos de la madrugada, empecé a pensar acerca del tiempo... de la eternidad... del cielo. *¿Dónde pasaría yo la eternidad?* Cuando llegué a casa, saqué nuestra vieja Biblia familiar y me tropecé con un hermoso dibujo de Jesús de pie ante una aldaba. Debajo de la imagen decía: «Mira que estoy a la puerta y llamo. Si alguno oye mi voz y abre la puerta, entraré, y cenaré con él, y él conmigo» (Apocalipsis 3.20). Pude entender lo de abrir la puerta de mi vida y dejar entrar a Jesús, así que temprano a la mañana siguiente llamé a Sam y me invitó a ir a la iglesia con él.

¡Aquel domingo por la mañana llegué a la iglesia antes que Sam! Aunque aquel día no entendí el sermón, yo había ido a entregarle mi corazón a Jesús, y aquello era lo que estaba esperando hacer. Sin embargo, cuando el pastor invitó a todo aquel que quisiera recibir la salvación a ir al frente de la iglesia y la canción de invitación empezó a sonar, parecía que mis zapatos estuvieran clavados en el suelo. No pude reunir el valor para moverme. Finalmente, Sam deslizó su brazo alrededor de mi hombro y me susurró que él iría conmigo.

Cuando llegué al frente de la iglesia el pastor me preguntó si quería recibir a Jesús en mi corazón, a lo que contesté: «No lo sé.

He sido realmente malvado». Él me estrechó fuerte la mano y dijo: «No te he preguntado eso. ¿Recibirás a Jesús como tu Salvador?». Yo me resistía y dije: «No lo sé. Trabajo en el sitio equivocado». Casi se zafó de mi mano cuando dijo: «No te he preguntado eso. ¿Aceptarás a Jesús en tu corazón como tu Salvador personal?». Fue entonces cuando me rendí por entero a Jesús y dije audazmente: «¡Por supuesto!». Con aquellas palabras, pasé de muerte a vida, me convertí en una nueva criatura en Cristo Jesús y di mi primer paso para llegar a ser un hombre de fe.

Desde aquel día las cosas fueron distintas. Mis notas en la escuela secundaria pasaron de suficientes y bienes a notables y excelentes. Aquel primer año empecé a predicar dondequiera que fuese bienvenido: grupos de estudio bíblico, residencias de ancianos y misiones. Con el tiempo, me abrí paso hasta la universidad y el seminario y me convertí en pastor.

Durante diecinueve años ministré con todo el conocimiento que tenía y fui el pastor de una iglesia creciente y exitosa. Pero sabía que no había experimentado ni estaba disfrutando de las cosas que los creyentes del Nuevo Testamento hicieron, y en mi interior sentía que Dios tenía más para mí. Un día, con la ayuda de Dios y las oraciones de los demás, recibí el bautismo del Espíritu Santo y experimenté el poder de Dios, lo que revolucionó mi persona y mi ministerio.

El Día de la Madre de 1959 fundamos la iglesia de Lakewood con diecinueve miembros. Con el paso de los años la iglesia creció y construimos un santuario con un aforo para 8,200 personas, en mitad de la recesión de 1988, unas semanas antes de

Navidad... libre de deudas. En 1999 teníamos 10,000 miembros. Durante mi ministerio tuve el privilegio de viajar por lo largo y ancho del mundo, llevando el mensaje del amor y el poder de Dios a gente de todas las naciones, lo que incluyó hacer más de cuarenta viajes misioneros a India. Durante dieciséis años presenté mi propio programa semanal de televisión, alcanzado a millones de personas en Estados Unidos y en muchos otros países con el evangelio. Mis libros, casetes y mensajes en vídeo viajaron por todo el mundo.

Los principios de la fe en Dios y en su Palabra expuestos en este libro han sido probados en el crisol de mi vida. Recuerdo cuando el médico nos dijo que nuestra hija pequeña Lisa tenía daño cerebral y que jamás sería normal. No tenía reflejos de succión ni tono muscular, y mostraba síntomas similares a la parálisis cerebral. Fue el milagro de su curación lo que abrió mis ojos al poder milagroso de Dios y al poder del Espíritu Santo.

Recuerdo la época en que mi sistema nervioso sufrió un colapso y perdí todo sentido de propósito, dirección e iniciativa. Sentía que la vida no ofrecía ninguna esperanza de realidad. Sucumbí a un oscuro agujero de miedo a que Dios ya no estuviese conmigo, y no podía dormir. Cuando llegaba el día, anhelaba la noche; cuando llegaba la noche, suspiraba por el día. Dios en su gracia me liberó de aquella condición; no de inmediato, pero mediante la confianza en su palabra la victoria llegó.

Algunos años más tarde experimenté meses de agonizante dolor en la espalda y en las piernas, y me enfrenté a una cirugía de espalda y a visiones de mí mismo paralizado e incapaz de caminar. En 1986 tuvo lugar otra batalla, cuando estuve en el Hospital Metodista en espera de una intervención a corazón abierto. En ambas situaciones Jesús me guió a la victoria, ¡impregnando todo mi ser con fe y confianza a medida que leía y creía en su Palabra!

En medio de los grandes desafíos de la vida aprendí cómo ejercitar mi fe. El Señor Jesús obró en mi vida y en mi familia a través de todos estos conflictos y de muchos más. Mediante Su gracia y fuerza, los campos de batalla se convirtieron en mis mayores campos de victoria. Ahora, cuando el miedo llama a mi puerta, la fe responde. Descubrí el poder de la fe para ayudarme a resistir y vencer.

Entonces, ¿cuál es la diferencia entre vivir una vida de victoria y fe o vivir una de derrota e incredulidad? ¿Cuáles son las cualidades de un hombre de fe genuina? Creo que estas cualidades están ilustradas en las vidas de los grandes hombres de fe de la Biblia, en particular Jabes y Elías y otros en quienes me centraré en este libro.

Tenemos el privilegio de vivir en una generación en la que Dios está derramando Su Espíritu de un modo muy poderoso. La suave lluvia del precioso Espíritu Santo está cayendo sobre el árido suelo religioso de nuestros días para dar dulce consuelo a los hombres de Dios descorazonados. Él puede hacerlo por ti... hoy.

El Señor dijo en el libro de Joel: «Yo les restituiré...». Él está restaurando el poder y el amor de Dios a Su iglesia, y Su voluntad es que lleguemos a ser hombres de fe que lleven Su presencia a las vidas de nuestras familias y al mundo que nos rodea.

Para convertirte en un hombre de fe inquebrantable primero debes descubrir lo que la Palabra de Dios dice acerca de ella, y después hacer lo que la Palabra dice que hay que hacer para obtenerla. Conforme avances en la lectura de este libro, medita en las verdades bíblicas y corona a Jesús como el Señor de tu vida. Confía en el Espíritu Santo para que sea tu Maestro mientras lees.

Por favor, ¡no abandones! La Palabra de Dios funciona. ¡Jesús te ama! Si le prestas atención al mensaje de este libro, Dios te mostrará la luz acerca de cómo ser el hombre de fe que Él desea que seas.

LOS PRINCIPIOS
DE LA FE EN DIOS...

*han sido probados
en el crisol de su vida.*

Reflexión de
JOEL

El Día de la Madre de 1959, mi padre y mi madre abrieron la iglesia de Lakewood en un destartalado edificio con agujeros en el suelo. Durante casi trece años aquella minúscula congregación a duras penas creció. Fue una estación extremadamente seca en la vida de mi padre. Había pasado de hablar ante miles de personas a trabajar en la oscuridad. Pero Dios estaba obrando en mi padre y aquellos años fueron un tiempo de prueba. Papá sabía que si permanecía fiel en los momentos duros Dios le ascendería, que es exactamente lo que sucedió. Millones de personas han sido alcanzadas mediante el ministerio de la iglesia de Lakewood.

Cuando estés en medio de un largo período de tiempo en el que no ves que nada bueno suceda, permanece fiel, mantén una sonrisa en la boca y sigue haciendo lo que sabes que es correcto. Dios te está preparando para cosas mayores.

Un hombre *de* fe puede cambiar su destino

En el Antiguo Testamento hay un hombre un tanto oscuro que venció lo que parecía ser un destino que incluía dolor, enfermedad y derrota, convirtiéndose en un hombre de fe. Su nombre era Jabes, y la mayoría de hombres en su lugar se habrían dado por vencidos y se habrían resignado a que nada pudiera hacerse por su situación. Si te has sentido tentado a creer que no tienes ninguna esperanza de convertirte en un hombre de fe, te invito a venir a la luz de la Palabra de Dios y descubrir que si te atreves a creer en las promesas de Dios, puedes revolucionar tu vida. Funcionó para Jabes, y también funcionará para ti.

¿Qué hay en un nombre?

«Jabes fue más importante que sus hermanos. Cuando su madre le puso ese nombre, dijo: "Con aflicción lo he dado a luz". Jabes le rogó al Dios de Israel: "Bendíceme y ensancha mi territorio; ayúdame y líbrame del mal, para que no padezca aflicción". Y Dios le concedió su petición» (1 Crónicas 4.9–10).

¿Reconoces el milagro en la breve súplica de Jabes? Puede que te resulte un poco oscuro hasta que te das cuenta de que su nombre, Jabes, significa «pena, dolor y problema». Su nombre habla de la condición de su vida, y ahora que entiendes esto, verás que él eligió cambiar su destino.

Los nombres en la Biblia tienen un significado importante, y en muchos casos tienen el propósito de comunicar un mensaje. El nombre de una persona en la Biblia a menudo expresaba el tipo de persona en el que se convertiría, o lo que haría por Dios.

Por ejemplo, el nombre *Jacob* significa «impostor», y él se convirtió justo en eso. El engaño definió la vida de Jacob. Cuando Dios se encontró con él y cambió su vida, también cambió su nombre para que se adecuara a esa nueva vida. Su nuevo nombre fue *Israel*, que quiere decir «príncipe» (Génesis 32.28).

Abram significaba «padre supremo», pero Dios cambió su nombre para que se acomodara a su destino. Le llamó *Abraham*, «padre de muchas naciones» (Génesis 17.5).

El nombre de Moisés hablaba de su vida, pues significaba «sacar» (Éxodo 2.10). Cada vez que se pronunciaba su nombre, este le recordaba a Moisés que su vida había sido preservada cuando la hija del Faraón le sacó del agua cuando era un bebé.

Josué significa «salvador». Todos los días su nombre le recordaba a Josué que era el salvador de su pueblo. Esto fue precisamente en lo que se convirtió cuando guió a Israel a la Tierra Prometida.

Pasaba lo mismo con Jabes. Su madre lo alumbró con dolor. ¿Por qué? ¿Acaso estaba tullido o afectado por alguna enfermedad o debilidad desde su nacimiento? ¿Quizá nació en un ambiente de dolor, problemas y tristeza? Fuera cual fuese el caso, cada vez que su nombre era pronunciado este le gritaba: «¡Eres dolor! ¡Problemas! ¡Pena!».

En mi mente, me imagino a Jabes como un hombre joven convenciéndose de que su destino siempre estaría restringido y limitado a la debilidad, la enfermedad y el dolor porque su mismo nombre lo declaraba. ¿Quién puede contar los efectos negativos de ese mensaje en su mente y su espíritu? Tuvo que haber una lucha constante antes de rendirse a la mentira de que no había esperanza para él.

LA FE Y LA PALABRA DE DIOS

La fe viene por el oír la Palabra de Dios (Romanos 10.17), y en mi imaginación veo el día en que Jabes oyó a un profeta de Dios proclamar el poder ilimitado del Dios de Israel. Casi puedo escuchar al profeta declarar cómo Dios sacó a los hijos de Israel de Egipto con señales y milagros.

¡Habla de la presencia manifiesta de Dios en el desierto a través de la columna de fuego por la noche y de la nube por el día (Éxodo 13)!

¡Habla del milagro de Dios del maná y de la carne en el desierto (Éxodo 16)!

¡Habla del milagro de Dios del agua que brotó de la roca (Éxodo 17)!

¡Habla del milagro de las sandalias y las ropas que no se desgastaron durante los cuarenta años de travesía por el desierto (Deuteronomio 29.5)!

Habla de cómo Dios, milagrosamente, sanó a dos millones de esclavos oprimidos, débiles y enfermos cuando salieron de Egipto. «Y no hubo en sus tribus enfermo» (Salmo 105.37 RV60).

Entonces oigo al profeta clamar con Jeremías: «¡Ah, Señor mi Dios! Tú, con tu gran fuerza y tu brazo poderoso, has hecho los cielos y la tierra. *Para ti no hay nada imposible*» (Jeremías 32.17).

Escucho a este hombre declarar la promesa de Dios: «Clama a mí y te responderé, y te daré a conocer cosas grandes y ocultas que tú no sabes» (Jeremías 33.3).

Puedo imaginarme que cuando Jabes oyó estas palabras de fe, la esperanza comenzó a crecer en su interior. Se dio cuenta de que *con Dios todas las cosas son posibles.*

CUANDO LA FE AUMENTA

Cuando Jabes vio la verdad de Dios, ¡se rebeló contra la mentira del diablo!

Cuando vio la luz de Dios, ¡se rebeló contra la oscuridad!

Cuando vio la vida de Dios, ¡se rebeló contra la enfermedad y la muerte!

Cuando vio la libertad de Dios, ¡se rebeló contra la esclavitud!

La fe de Jabes empezó a aumentar y provocó que clamara a Dios. Se enojó con su presunto destino. Se rebeló contra la incredulidad y las dudas, ¡y se convirtió en un hombre de fe!

«Jabes le rogó al Dios de Israel: "Bendíceme y *ensancha mi territorio*; ayúdame y líbrame del mal, para que no padezca aflicción". *Y Dios le concedió su petición*» (1 Crónicas 4.10).

Jabes quería que Dios le bendijese, pero aún quería más. Quería ser rescatado y puesto en libertad. «¡Ensancha mi territorio!», clamó.

«¡Sácame de los limitantes muros del miedo, la enfermedad, la derrota y el dolor! ¡Ensancha mi territorio! ¡Levántame de esta vida de dolor! ¡Abre estas puertas! ¡Derriba estas vallas de hierro! *¡Ensancha mi territorio!*».

También pidió algo muy importante en su plegaria. Oró para que Dios le guardara del mal. Estaba diciendo, en efecto, que quería ser sanado y liberado para servir al Dios viviente. Él no iba a usar su liberación del miedo, la enfermedad y los problemas para servir a Satanás. Jabes quería vivir una vida agradable a Dios.

La Biblia dice: «Y Dios le concedió su petición». ¡Jabes fue libre! Él no creyó que fuese su destino ir por la vida con dolor y tristeza. Apartó los ojos de su nombre y los volvió hacia *el nombre del gran Jehová Dios*, que había declarado: «porque yo soy Jehová tu sanador» (Éxodo 15.26 RV60).

JABES CAMBIÓ SU DESTINO, ¡Y TÚ TAMBIÉN PUEDES HACERLO!

Puedes cambiar el curso entero de tu vida observando las promesas de Dios y atreviéndote a creerlas. Jesús dijo: «y conoceréis la verdad, y la verdad os hará libres» (Juan 8.32).

El primer paso hacia la libertad, la sanación y el milagro es aceptar la verdad de Dios en la Biblia.

Una mujer me contó cómo el poder de Dios la sanó de su larga enfermedad. Dijo: «Pastor Osteen, *leí las promesas de Dios una y otra vez hasta que de repente vi que Dios quería curarme*». Cuando ella creyó que Dios realmente quería sanarla, fue fácil tener fe. Hoy, ella goza de una buena salud.

Dios no quiere que enfermes o que sufras dolor. Tus problemas y tristeza no vinieron de tu cariñoso Padre celestial. Dios es Jehová-Rafa, «Jehová tu sanador» (Éxodo 15.26 rv60).

Jesús dijo: «El ladrón no viene más que a robar, matar y destruir; yo he venido para que tengan vida, y la tengan en abundancia» (Juan 10.10). Es el diablo el que trata de robarte la salud, de matar tus esperanzas con desánimo y de destruir tu vida.

Jesús vino para que pudieses tener vida y tenerla en abundancia. Es el momento de que disfrutes de la vida abundante. ¡La voluntad de Dios es que salgas victorioso de las vicisitudes de la vida y que no sufras derrota!

Jesús vino del cielo para traerte liberación. Cuando Él vino, vino por *ti*. Cuando Él murió, murió por *ti*.

«Ciertamente él cargó con nuestras enfermedades (dolencias, debilidades y aflicciones) y soportó nuestros dolores [...] y gracias a sus heridas fuimos sanados» (Isaías 53.4–5).

«Él cargó con nuestras enfermedades y soportó nuestros dolores» (Mateo 8.17). «Él perdona todos tus pecados y sana todas tus dolencias» (Salmo 103.3).

Tal como Jesús llevó todos tus pecados, también llevó tus enfermedades. No es la voluntad de Dios para ti que cargues con tus pecados, y no es Su voluntad que cargues con tus enfermedades.

«El Hijo de Dios fue enviado precisamente para destruir las obras del diablo» (1 Juan 3.8). «Resistan al diablo, y él huirá de ustedes» (Santiago 4.7).

¡Levántate en fe! ¡Rechaza vivir una vida de derrota!

¡Toma estas promesas y sube a la presencia de Dios! ¡Cambia tu destino apelando al Dios de los milagros!

Dios te está hablando ahora: «Lo que pidan en mi nombre, yo lo haré» (Juan 14.14). «Así que mi Dios les proveerá de todo lo que necesiten, conforme a las gloriosas riquezas que tiene en Cristo Jesús» (Filipenses 4.19).

He visto a multitudes cambiar sus destinos por creer en estas promesas y rechazar ceder ante el enemigo.

Hombres de fe, levántense y luchen

Debes darte cuenta de que es Satanás quien quiere que sufras. Dios quiere que seas bendecido. No aceptes pasivamente la enfermedad, la tristeza, los problemas o las circunstancias como tu destino en la vida. Elige creer lo que la Palabra de Dios dice acerca de ti.

¡Resiste al diablo y él huirá de ti! A menos que lo hagas, no podrás ser liberado. Deposita tu confianza y tu fe en Dios y en Su Palabra poderosa.

Hace años, un hombre vino a nuestra iglesia, un hombre destrozado. Era padre soltero de cuatro niños, había vivido una vida de pobreza y dolor y apenas podía sobrevivir en términos financieros. Cuando puso su fe en Cristo, empezó a darle el diezmo al Señor y a orar para que Dios le bendijese económicamente. Me impactó que trajese fielmente a sus hijos a la iglesia y que incluso ofreciera su tiempo como voluntario. Yo era consciente de que trabajaba duro en el área médica, pero su condición social era bien baja. Daba lo mejor de sí mismo y trabajaba con excelencia.

Los doctores se fijaron en su excelencia y fidelidad y comenzaron a pedirle ayuda. Dios le dio tal favor con los médicos que decidió empezar su propio negocio y comenzó a venderles a estos profesionales el equipo médico. Dios bendijo su negocio, y hoy es un empresario de éxito. Más tarde conoció a una fabulosa mujer cristiana, y él y toda su familia están sirviendo juntos a Dios porque este hombre eligió creer que Dios tenía una vida mejor para él. *¡Él cambió su destino!*

El Señor Jesús está contigo mientras lees estas promesas de Su poder y Su buena voluntad para liberarte. Empieza a alabarle ahora mismo por tu curación y victoria. Alábale aunque te sientas desanimado o enfermo.

Como hizo Jabes, derrama tu corazón ante Dios. Empuja para tocar el borde de Su manto. No te detengas ni te desalientes. Dios quiere que tengas *vida en abundancia.*

La fe viene por el oír la Palabra de Dios, y a medida que actúes en base a ella, el poder milagroso de Dios será liberado. Lo que le dijeron los apóstoles al minusválido de Hechos 3 fue: «*En el nombre de Jesucristo de Nazaret, ¡levántate y anda!*» (Hechos 3.6). Como resultado, el hombre se levantó y entró al templo... ¡caminando, brincando y alabando a Dios! ¡Tú también puedes ser liberado de la enfermedad, las adicciones, la ira, el pecado y la depresión en el nombre de Jesús!

Como en el caso de Jabes, ¡tú puedes llegar a ser un hombre de fe inquebrantable! ¡Empieza a hacer lo que no podías hacer antes! ¡Pon tu fe en acción! ¡Dale a Dios la gloria y conoce que Dios está a punto de ensanchar tu territorio!

Reflexión de

JOEL

Mi padre creció con una «mentalidad de pobreza», y durante años en el ministerio pensó que le estaba haciendo un favor a Dios permaneciendo pobre. Dios trató de bendecir y hacer crecer a mi padre, pero él no podía recibirlo. Más tarde, papá aprendió que, como hijos de Dios, podemos vivir una vida de abundancia; incluso deberíamos esperar ser bendecidos como lo fue Jabes. De hecho, es tan importante aprender a recibir una bendición como lo es estar dispuesto a dar una.

Amigo, no te cruces de brazos y permitas que los pensamientos críticos y negativos influyan en tu vida. La Biblia nos exhorta: «sean transformados mediante la renovación de su mente» (Romanos 12.2). Cuando habitas en la Palabra de Dios y empiezas a ver lo mejor de las situaciones, poco a poco, un pensamiento cada vez, transformarás tu modo de pensar. Dios te ayudará. Mantente lleno de fe. Mantente lleno de gozo. Mantente lleno de esperanza. ¡Dios transformará tu vida!

CAPÍTULO DOS

Un hombre *de* fe cree *en la* Palabra *de* Dios

Una vez visité el Vaticano, en Roma. En las paredes y en los pasillos hay numerosas pinturas y estatuas de los doce apóstoles, todas ellas imponentes. De hecho, algunas de ellas son enormes. Creo que podría decirse, sin temor a equivocarse, que los artistas y escultores captaron la forma en la que tendemos a pensar en los apóstoles: sobresalientes hombres de fe que se levantaron y cambiaron el mundo.

Pero los apóstoles no eran nada extraordinario: eran de carne y hueso como tú y yo. De algún modo, debido a que se encuentran en la Biblia, pensamos que no fueron como nosotros. Pero eso no es cierto. Ellos fueron hombres normales y corrientes, con esposas, hijos, facturas y todos los desafíos de la vida.

En el libro de 1 de Reyes 17 y 18, el veterotestamentario profeta Elías fue un hombre con una gran fe, al que admiro profundamente, pero el apóstol Santiago nos dice que también «era un hombre con debilidades como las nuestras» (Santiago 5.17; 1 Reyes 17.1). *Debilidades* significa «pasiones y sufrimientos». Era un hombre normal y corriente, como tú y yo, sujeto a las mismas pasiones que nosotros tenemos.

Pero Elías tenía tal fe que *cuando oró para que dejase de llover, así fue... ¡durante tres años y medio!* «Con fervor oró que no lloviera, y no llovió sobre la tierra durante tres años y medio. Volvió a orar, y el cielo dio su lluvia y la tierra produjo sus frutos» (Santiago 5.17–18; 1 Reyes 18.42–45).

Probablemente estés pensando: *Pastor Osteen, ¿cómo puede una persona tener la fe suficiente para detener la lluvia, simplemente? Y ya no digamos durante tres años y medio.*

Para responder a eso, empecemos donde empieza la Palabra de Dios. La Biblia dice: «En realidad, sin fe es imposible agradar a Dios, ya que cualquiera que se acerca a Dios tiene que creer que él existe y que recompensa a quienes lo buscan» (Hebreos 11.6). También declara que sin fe en Dios es imposible nacer de nuevo o ir al cielo: «Porque por gracia ustedes han sido salvados mediante la fe; esto no procede de ustedes, sino que *es el regalo de Dios*, no por obras, para que nadie se jacte» (Efesios 2.8–9).

Así que todos tenemos la misma capacidad de recibir el don de la salvación, Dios nos ha dado a cada uno de nosotros la misma medida de fe. El apóstol Pablo escribió: «según la medida de fe que Dios le haya dado» (Romanos 12.3). Dios quiere que todos lleguemos a la fe redentora, y todos empezamos con la misma medida, el mismo tamaño de fe: la capacidad suficiente para llevarnos a la salvación.

Una vez que aceptamos a Jesucristo como nuestro Señor y Salvador, mediante nuestra salvación somos «hechos justicia de Dios en Él» (2 Corintios 5.21 RV60), y jamás seremos más justificados que eso. No podemos crecer en rectitud.

Pero podemos y debemos crecer en fe. Claramente, la Biblia dice: «su fe se acrecienta cada vez más» (2 Tesalonicenses 1.3). Llegar a ser un hombre de fe inquebrantable requiere que crezcas extremadamente en tu fe como lo hizo Elías en su vida.

CÓMO CRECE LA FE

Cuanto más usas tus brazos y piernas, cuanto más caminas, corres y te ejercitas, más fuertes y en forma están tus músculos. Pero si no usas un músculo, lo perderás.

Así es como funciona la fe. La fe crecerá conforme la uses. Cuanto más la uses, más fuerte crecerá. Pero este crecimiento es un proceso gradual.

No te decepciones con un bebé porque no puede permanecer de pie o correr un maratón. No esperas que un bebé haga eso, pero sí esperas que crezca, que se haga más fuerte, que empiece a gatear, que se levante y se agarre a las cosas y que por último dé uno o dos pasos. Al final, sabes que el niño será capaz de caminar y de correr.

Así es tu fe. Crece de forma gradual cuando la usas. Mucha gente comete el error de tratar de saltar y correr en su vida de fe cuando aún son solo bebés aprendiendo a gatear.

Una vez le pregunté a un hombre: «¿A qué se dedica?». Él me dijo: «No trabajo. Solo vivo por fe». No fue ninguna sorpresa que el hombre estuviera enterrado en deudas. Ese tipo de comportamiento no es fe, es ignorancia. La Biblia dice que si alguien no trabaja, tampoco debería comer (2 Tesalonicenses 3.10).

Recuerdo cuando mi congregación y yo empezamos a creer en Dios para nuestros primeros edificios nuevos. Nuestro primer templo era una tienda de comestibles reformada y tenía lugar para 234 personas. En 1969 había tenido grandes encuentros evangelísticos por todo el país y las cosas habían ido bien. Durante mi ausencia necesitamos expandirnos, así que se construyó una nueva iglesia en una propiedad adyacente con espacio para 700 personas.

Después de regresar a la iglesia de Lakewood, quedaba claro que en nuestro futuro había más ampliaciones, pero me di cuenta de que mi fe para conseguir nuevos edificios para la iglesia no era muy fuerte. No la había ejercitado en aquella área, y mi fe no había sido desafiada de verdad. La primera cosa que Dios me mostró fue que debía reunir a un grupo de hombres de la iglesia. Me enseñó qué capacidades tenía cada uno de ellos y cómo retarlos para tener fe en hacer lo que pudieran para conseguir primero un edificio y después otro.

Lo pusimos en práctica un poquito... y después un poco más. En 1975 se añadió un ala a ambos lados del auditorio, consiguiendo una capacidad para 1,800 personas. En 1977 se amplió de nuevo el inmueble hasta alcanzar las 4,000 sillas, y después las 5,000 en 1979. Entonces, estiramos nuestros músculos de la fe y un precioso templo de 36,000 m2 con capacidad para 8,200 personas y libre de deudas fue inaugurado en 1988. En 1991 inauguramos un centro infantil con más de 11,000 m2 repartidos en dos pisos, donde atendíamos a más de 2,500 niños a la semana. Después vino un centro para la vida familiar, un edificio de tres plantas con 18,000 m2 de oficinas y de aulas de formación, que se completó libre de deudas en 1993. Empezamos con algo pequeño y trabajamos hacia una meta mayor.

Debes desarrollar tu fe de forma gradual a medida que avanzas. Usa tu fe. Estira tu fe, o nunca crecerá.

FE ES CREER EN LA PALABRA DE DIOS

Fe es sencillamente creer que Dios hará lo que dijo que haría. Es creer en la Palabra de Dios. El Nuevo Testamento utiliza dos palabras griegas para la Palabra de Dios. Una es *logos*, que es la voluntad revelada de Dios, el plan de salvación, contenida en la Biblia. La otra es *rema*, que es una palabra que Dios te dice a ti personalmente. De repente, la escritura se torna viva porque Dios mismo te habla a ti directamente.

La fe no solo viene del *logos*; la fe viene por el oír el *rema* de Dios (Romanos 10.17). Una vez que Dios ilumina, habla o capta tu atención con Su Palabra, creer es fácil, porque con ese *rema* viene la fe.

Ha habido muchas ocasiones en las que Dios ha avivado para mí porciones específicas de la escritura cuando estaba leyendo, y fue como si Él mismo me las estuviese leyendo directamente. Él hacía una promesa en Su Palabra, yo la leía y después Él la avivaba para mí. Yo sabía que la promesa se haría realidad porque tenía tanto el *logos* (la Palabra escrita) como el *rema* (la Palabra hablada). Mi fe era fuerte porque sabía que Dios iba a hacer lo que había dicho que haría.

Elías obedeció la Palabra de Dios

Elías lo entendió. Él no se levantó un día y dijo: «Bueno, soy un hombre de fe y estoy cansado de la lluvia, así que voy a plantarme aquí y a detener el agua. Hoy es un día tranquilo y no tengo muchas cosas que hacer. No he visto demasiados milagros últimamente, así que voy a clamar a Dios para que cierre los cielos».

No. Cuando Elías oró, lo hizo conforme al *logos*, la Palabra de Dios, y creo que Dios la avivó en su corazón. ¿Cómo lo hizo? Imagínate que un día Elías estaba leyendo el pacto entre Dios e Israel en Deuteronomio 11.13–17 y que el Señor lo avivó para él.

Este pasaje declara: «Si ustedes obedecen fielmente los mandamientos que hoy les doy, y si aman al Señor su Dios y le sirven con todo el corazón y con toda el alma, entonces *él enviará la lluvia oportuna sobre su tierra, en otoño y en primavera, para que obtengan el trigo, el vino y el aceite*. También hará que crezca hierba en los campos para su ganado, y ustedes comerán y quedarán satisfechos. ¡Cuidado! No se dejen seducir. No se descarríen ni adoren a otros dioses, ni se inclinen ante ellos, porque entonces se encenderá la ira del Señor contra ustedes, y *cerrará los cielos para que no llueva; el suelo no dará sus frutos*, y pronto ustedes desaparecerán de la buena tierra que les da el Señor».

Elías conocía la Palabra de Dios y era dolorosamente consciente de que el pueblo le había dado la espalda a Dios para adorar al ídolo Baal, un dios falso. Estaba claro que Dios había prometido que no mandaría lluvia si la gente recurría a falsos dioses.

Así que cuando oró para que Dios cerrase los cielos, estaba clamando con el conocimiento de la Palabra de Dios. Elías sostuvo la Palabra de Dios ante Él y clamó encarecidamente para que Dios mantuviese Su Palabra, y Él lo hizo.

Un hombre de fe sabe qué dice la Biblia. Cuando estás en medio de una prueba, encuentra lo que dice Dios en la Biblia y ponlo ante Él. Recuérdale lo que Él ha dicho. «¡Hazme recordar! Presentémonos a juicio; plantea el argumento de tu inocencia» (Isaías 43.26).

Quizá te estés preguntando: «Bien, si Dios dice que va a hacerlo, por qué simplemente no lo hace? ¿Por qué tengo que recordárselo?». Porque *la oración es la fuerza que mueve las manos de Dios.* Y cuando te mantienes en la Palabra de Dios y le recuerdas a Dios Su promesa, eso hace que tu fe crezca. Eso refuerza tu confianza en Dios.

Por ejemplo, Dios no va a llevar automáticamente a tus hijos a la fe. Deuteronomio 28.41 estipula que una de las consecuencias del pecado es que tendrás hijos pero no disfrutarás de ellos. Ahora, como cristiano, Cristo te ha redimido de la maldición de la ley (Gálatas 3.13). Puedes plantarte delante de Dios y decir: «Señor, me dijiste que si te servía, podría disfrutar de mis hijos. Yo creo que vas a cumplir Tu promesa, pues Tú nunca mientes». Y Dios empezará a actuar en tu nombre para hacer que esa promesa suceda.

Dios no va a llenar automáticamente tu cuenta bancaria con dinero. La maldición de la ley es desear cosas pero ser pobre y arrastrarse por la vida. La Biblia dice que Cristo nos redimió de esa maldición. La bendición de Dios dice que vas a estar en la cabeza y no en la cola, que prestarás pero no tomarás prestado, que estarás en la cima y no en el fondo (Deuteronomio 28.12–13).

Como hizo Elías, debes saber qué dice la Palabra, llevarla ante Dios en fe y creer que Él hará que se haga realidad en tu vida.

ELÍAS TUVO UN ENFRENTAMIENTO EN LA MONTAÑA

Dios estableció claramente que Él haría cesar la lluvia, así que ¿por qué no lo hizo antes? Estaba esperando que alguien leyese el pacto, actuase en base a él, permaneciese en él y creyese que Él traería los resultados esperados. Elías tenía que creer y actuar conforme a aquella promesa de Dios, cosa que hizo, y durante tres años y seis meses no llovió.

Entonces Elías tuvo un sorprendente enfrentamiento con los 450 profetas de Baal ante los hijos de Israel en el Monte Carmelo. Le dijo a la gente: «Tráigannos dos bueyes. Que escojan ellos uno, y lo descuarticen y pongan los pedazos sobre la leña, pero sin prenderle fuego. Yo prepararé el otro buey y lo pondré sobre la leña, pero tampoco le prenderé fuego. Entonces invocarán ellos el nombre de su dios, y yo invocaré el nombre del Señor. ¡El que responda con fuego, ese es el Dios verdadero! Y todo el pueblo estuvo de acuerdo» (1 Reyes 18.23–24).

Los profetas de Baal se pasaron todo el día intentando invocar fuego del cielo. Se cortaron e hicieron toda su parafernalia ceremonial. Elías permanecía a un lado y se burlaba de ellos. «¡Griten más fuerte!», les decía. «Tal vez su dios se ha quedado dormido o está de viaje». Al final, los exhaustos profetas se dieron por vencidos.

Entonces Elías hizo reunir al pueblo. Reparó el altar de Dios con doce piedras y cavó una zanja alrededor. Cortó la leña, descuartizó el buey y lo depositó sobre la madera. Después le dijo al pueblo que llenara cuatro grandes cántaros con agua y los derramara sobre el altar. El pueblo llenó los cántaros y los vertió sobre la ofrenda tres veces. Elías quería asegurarse de que nadie pensara que había algún tipo de truco.

Entonces Elías oró: «Señor, Dios de Abraham, de Isaac y de Israel, que todos sepan hoy que tú eres Dios en Israel, y que yo soy tu siervo y he hecho todo esto en obediencia a tu palabra. ¡Respóndeme, Señor, respóndeme, para que esta gente reconozca que tú, Señor, eres Dios, y que estás convirtiendo a ti su corazón!» (1 Reyes 18.36–37). Y cayó fuego del cielo, consumiendo el sacrificio, la leña e incluso las piedras, el suelo y el agua en la zanja alrededor del altar.

La gente respondió postrándose y clamando: «¡El señor es Dios!». Después Elías les ordenó apresar a los 450 profetas de Baal y matarlos, cosa que hicieron obedientemente.

Viendo lo que había sucedido, Elías se apartó para orar y pedir lluvia. ¿Por qué?

Porque el pueblo se había arrepentido y había vuelto a Dios. Ahora, de acuerdo a Deuteronomio 11.13–17, estaban en condiciones de recibir el agua, pero esta no llegaría de forma automática. Elías debía orar fervientemente por la lluvia. Debía permanecer en la fe y creer que Dios honraría Su Palabra al igual que lo hizo cuando detuvo la lluvia.

Eso es lo que debes hacer para satisfacer tus necesidades. Aunque Dios lo haya prometido y tú veas que te pertenece, vas a tener que orar encarecidamente con fe, creyendo que Dios hará lo que ha dicho.

No puedes quedarte de brazos cruzados y decir: «Bueno, Dios dijo que lo haría, así que simplemente voy a dejar que Él lo haga». No, la vida es una lucha. El apóstol Pablo habló de pelear la buena batalla de la fe (1 Timoteo 6.12). Debes adueñarte de tu victoria.

Debes levantarte y orar con fervor, aunque Dios ya lo haya dicho. Tiene que haber algún esfuerzo por tu parte. Tienes que ejercitar tu fe y creer en Dios para la respuesta.

Eso es lo que hizo Elías. Él era un hombre de fe, y en los próximos siete capítulos te mostraré cómo Elías manifiesta siete cualidades de un hombre de fe inquebrantable.

La fe es creer simplemente que Dios

hará lo que dijo

QUE HARÍA.

Reflexión de
JOEL

Cuando era niño mi familia tenía un pastor alemán llamado Scooter, y era el rey del barrio. Scooter era fuerte y rápido, y parecía que podía pelear contra un tigre. Pero un día, un valiente chihuahua salió disparado de una casa hacia Scooter, ladrando como un poseso. Cuanto más se acercaba aquel perro, tanto más Scooter agachaba la cabeza como un cobarde. Cuando finalmente el chihuahua se colocó cara a cara con Scooter, este simplemente se tumbó, rodó y levantó sus cuatro patas hacia arriba.

Aunque sabemos que tenemos todos los recursos de Dios a nuestra disposición, hacemos algo similar cuando la adversidad nos ladra. A menudo, nos damos la vuelta y decimos: «Lo dejo. Esto es demasiado difícil». En cambio, es hora de apelar al poder de Dios, levantarse y luchar.

CAPÍTULO TRES

Un hombre *de* fe ve *y* oye lo que *el* mundo no puede ver *ni* oír

Como demostró el profeta Elías en el Monte Carmelo, la primera cualidad de un hombre de fe inquebrantable es que verá y oirá lo que el mundo no puede ver ni oír.

Después de que los 450 profetas de Baal fueran asesinados, Elías encontró al malvado rey Acab y le anunció: «Anda a tu casa, y come y bebe, porque ya se oye el ruido de un torrentoso aguacero» (1 Reyes 18.41). En aquel momento no había ni un solo presagio de lluvia en el cielo, pero *Elías sabía que Dios mantendría Su Palabra.*

Recuerda lo que Dios había dicho: «Si quebrantan mi ley y adoran a ídolos, mantendré la lluvia lejos de ustedes». Elías se había adueñado de aquellas palabras y había orado, y Dios había cerrado los cielos. Entonces Elías vio a la gente arrepentirse de su idolatría, y basándose en la promesa de Dios, Elías supo que tenía el derecho de pedirle a Dios que la lluvia regresara.

El espíritu de Elías empezó a extenderse. Él sabía lo que Dios iba a hacer. Dijo: «Así es como funciona la fe. No veo la lluvia. No la huelo ni la oigo. Pero te aseguro que en mi espíritu escucho el sonido de la lluvia abundante».

El funcionamiento de la fe me recuerda a un silbato para perros. Si soplas un silbato para perros no vas a oír nada. Pero si hay un perro cerca, sus orejas reaccionarán. Él puede oír ese silbato porque sus oídos captan una frecuencia de sonido distinta a la que captamos nosotros.

Del mismo modo, las persones que están en sintonía con el Espíritu Santo pueden oír en una frecuencia diferente a la del mundo. Podemos oír cosas que el mundo no oye. Podemos oír el sonido de las alas de los ángeles, el sonido de las pisadas de Jesús y las bendiciones venideras de Dios.

Los hombres y mujeres de fe oyen el grito de la victoria incluso antes de que esta llegue. Pueden oír el sonido de ese hijo o hija díscolos regresando a casa. Por fe, pueden oírlos llamando a la puerta. Pueden oír el testimonio de aquel ser amado por el que han estado orando durante años. Lo oyen con los oídos de la fe.

¿Cómo oyó Elías la lluvia que nadie más podía ver ni escuchar? *Porque él conocía la Palabra de Dios.*

Lo que ningún ojo ha visto ni oído

Hace algunos años un amigo mío estaba volando en un jet a 10,000 metros de altura camino a un encuentro de evangelización. En aquel entonces era un pianista tan brillante que le habían ofrecido oportunidades en el mundo del espectáculo que le hubieran asegurado un gran futuro. También tenía una hermosa voz de solista. Dios le había llamado a predicar, y él había elegido seguir la vocación que era la perfecta voluntad de Dios para su vida.

Varios años antes de aquel vuelo, había padecido artritis reumatoide, que se había extendido progresivamente por todo su cuerpo. Las manos se le llenaron de nódulos y, retorcidas y paralizados, dejó de moverlas con libertad, poniendo fin a sus días de habilidad con el piano. Todas las articulaciones de su cuerpo se vieron afectadas por aquella enfermedad y se le llenaron de dolores. Los tobillos se le hincharon hasta el tamaño de un pomelo y las rodillas se le dilataron.

Mi amigo no era capaz de funcionar de forma normal. Me contó que compraba las aspirinas por cajas en vez de por botes. Las tomaba constantemente para tratar de aliviar el dolor atroz que abrumaba su cuerpo. Muchas mañanas tenía que salir de la cama con ayuda y meterse en una bañera de agua caliente para relajar las articulaciones y mitigar parcialmente el dolor. No era capaz caminar de forma normal, simplemente se abría camino lo mejor que podía con sus rodillas y tobillos y el resto de sus articulaciones deformadas y doliéndole por aquella terrible enfermedad.

Aquella era su condición cuando se sentó en el avión para ir a predicar el evangelio. Los doctores le habían dado el veredicto de que la ciencia médica no podía hacer nada por él mientras no existiera una cura permanente. Solo podía paliar el dolor tomando medicación. Le dijeron que simplemente tenía que vivir con ello y que iría empeorando poco a poco.

Su habilidad para emocionar y bendecir a la gente mediante el piano se había esfumado. Su capacidad para vivir una vida normal se había desvanecido. Pero se sentó en aquel avión decidido a predicar el evangelio lo mejor que pudiera.

Mientras leía su Biblia en el avión empezó a meditar en las Escrituras. Leyó que Jesús cargó con nuestras enfermedades y soportó nuestros dolores y que por Sus heridas somos curados (Isaías 53.5). Leyó en Mateo 8.17 que Jesús sanó a todos los enfermos: «Esto sucedió para que se cumpliera lo dicho por el profeta Isaías: "Él cargó con nuestras enfermedades y soportó nuestros dolores"». Leyó en 1 Pedro 2.24: «Él mismo, en su cuerpo, llevó al madero nuestros pecados, para que muramos al pecado y vivamos para la justicia. Por Sus heridas ustedes han sido sanados».

De repente, una luz se encendió en lo más profundo de su ser. Oyó en su interior las palabras «por Sus heridas *ustedes han sido sanados*». Hubo un verdadero entendimiento dentro de él. ¡De pronto supo que estaba curado! Súbitamente tuvo la certeza absoluta de que estaba libre de aquella enfermedad. Empezó a regocijarse, porque estaba seguro de que había sido sanado.

Sentado en su sitio con aquel conocimiento revelado de que había sido sanado, no parecía distinto; su cuerpo no notaba ninguna diferencia; su cuerpo no funcionaba de manera diferente. Ninguno de los que estaban sentados a su alrededor pudo ver el milagro. Pero él sabía que había tenido lugar un milagro en su interior.

Cuando iba a desembarcar, apenas podía levantarse de su asiento, y fue cojeando por el pasillo. El pastor de la iglesia le recibió en la entrada del aeropuerto, tomó su pequeña maleta y le preguntó: «¿Cómo estás?». Y mi renqueante amigo, aún encorvado e incapaz de mirar hacia arriba de forma normal, giró ligeramente la cabeza (todo lo que pudo) para alzar los ojos hacia el pastor y dijo: «Oh, estoy contento de anunciarte que estoy curado por las llagas de Jesús».

Estoy seguro de que el pastor se preguntó si acaso la enfermedad no había afectado solamente a su cuerpo, ¡sino también su mente!

Cuando a mi amigo le llegó el turno de ministrar en la iglesia del pastor, se acercó cojeando hasta la plataforma y se puso detrás del púlpito. Con la artritis aún dominando todo su cuerpo en apariencia, alzó la vista hacia la congregación y dijo: «Antes de compartir el mensaje, quisiera regocijarme ante todos ustedes y decirles que estoy muy contento por haber sido sanado por las llagas de Jesús. La artritis no puede vivir en mi cuerpo. Quiero que se regocijen conmigo por mi curación y porque puedo tocar el piano y andar de forma normal de nuevo».

Todas las personas de aquella congregación reaccionaron de modo distinto. Estoy seguro de que muchos de ellos se cuestionaron la credibilidad de aquel hombre encorvado detrás del púlpito.

Pero a partir de aquel momento mi amigo empezó a ponerse cada vez mejor. En cuestión de semanas, la artritis había desaparecido de su cuerpo y las articulaciones se volvieron normales. Aquello sucedió más de veinte años antes de la escritura de este libro. He estado en sus reuniones en persona y he llorado mientras él tocaba el piano y alababa al Señor Jesucristo. ¡Ciertamente está viviendo un vida saludable hasta el día de hoy!

LA FE VIENE DEL CORAZÓN

Así pues, ¿qué le ocurrió a mi amigo en el avión? ¿Qué le sucedió a Elías en el Monte Carmelo? ¿Acaso hay alguna ley que suplante las leyes naturales que conocemos? ¿Hay algo que desconocemos en lo que se refiere a nuestras mentes naturales?

La Biblia habla de la ley de la fe, declarando que «por medio de él la ley del Espíritu de vida me ha liberado de la ley del pecado y de la muerte» (Romanos 8.2). Ya lo ves, sentado en aquel avión, mi amigo recibió en su espíritu de parte de Dios el conocimiento que el mundo es incapaz de recibir con la mente carnal y natural.

La Biblia dice que la fe viene del corazón. «Porque con el corazón se cree...» (Romanos 10.10). Es con tu corazón con lo que crees. El *corazón* significa «el espíritu». Hay un espíritu en el interior del cuerpo físico. El apóstol Pablo nos está diciendo que la fe es una fuerza espiritual que mana del espíritu. Es el espíritu el que es capaz de responder a la Palabra de Dios y ejercitar la fe.

Ya ves, sentado en el avión, afectado por una grave enfermedad que le mantenía cautivo, mi amigo meditó en las grandes promesas de la Palabra de Dios con respecto a la redención eterna que tenemos en el Señor Jesucristo. Meditó en ellas hasta que de repente no solo estaban en su mente carnal, sino que su espíritu comenzó a adueñarse de aquellas verdades. Su ser interior empezó a alimentarse de las verdades del Espíritu de Dios.

Fue una comunicación de Espíritu a espíritu. Cuando su espíritu empezó a captar el hecho eterno de que «por Sus heridas ustedes han sido sanados» la fe se hizo real, porque la fe viene del corazón. De pronto supo, no con su mente sino con su espíritu, que había sido sanado. En aquel *conocimiento* fue inquebrantable en su confianza, aunque no hubiera ninguna evidencia física de cambio.

Como ya sabes, el cuerpo tiene cinco sentidos (vista, oída, gusto, olfato y tacto) con los que contactamos con el mundo físico. Pero Dios nos ha dado un sexto sentido —la fe— para funcionar en la esfera de nuestro espíritu, vivificado con la vida de Dios Todopoderoso. ¡Sí! El espíritu vivificado por la gracia y la vida de resurrección de Jesucristo tiene un sentido, al que llamamos fe. La fe es totalmente independiente de los cinco sentidos que usamos para funcionar en el mundo físico y material.

Este sentido de la fe se usa para tocar el mundo oculto e invisible. Los sentidos naturales no pueden captar esa dimensión espiritual. No tienen ningún contacto con ella. Pero la fe, creada por la Palabra de Dios, te capacita para alcanzar la dimensión de lo invisible y activar el poder creativo de Dios.

Esto es lo que le sucedió a mi amigo en el avión: dejó lo natural y tomó lo sobrenatural. Dejó lo físico y tomó lo espiritual. Dejó su naturaleza física y tomó su naturaleza espiritual. Alimentado por la Palabra de Dios, su espíritu recibió la revelación y la confianza inquebrantable de que en verdad estaba sanado. A pesar de que no había ninguna evidencia en sus sentidos físicos para corroborar el hecho de que había sido curado, ¡el sexto sentido de la fe dominó y venció a los demás! Su cuerpo respondió y la enfermedad y las dolencias se apartaron de él.

Eso es lo que significa convertirse en un hombre de fe inquebrantable. ¿Estás ahí? ¿Te das cuenta de que hay esperanza? ¡Tú puedes salir de tu prisión, sea cual sea para ti!

Jesús dijo: «Para los hombres es imposible, mas para Dios todo es posible» (Mateo 19.26). Jesús lo dijo para ampliar nuestra fe a la hora de creer en Dios en lo que pensamos o percibimos como imposible.

Cuando miras a tu situación hoy, ¿es imposible para los hombres? ¿Es imposible para ti recibir la sanidad o restablecer a tu familia o resolver esa situación o terminar con esa adicción? Si oyes la palabra *imposible* resonando en tus oídos, entonces escucha la dulce voz del Hijo de Dios, quien no puede mentir: «Para los hombres es imposible, mas para Dios todo es posible» (Romanos 19.26).

Por fe puedes zafarte de los grilletes que te amarran a lo natural y tocar a Dios, que habita en el reino de lo sobrenatural. Estudia las verdades presentadas en este libro hasta que tú también puedas sobreponerte a la palabra *imposible*. Empieza a funcionar en el reino de la fe inquebrantable.

ELÍAS ESCUCHÓ LA LLUVIA QUE

NADIE MÁS PODÍA OÍR

porque conocía la Palabra de Dios.

Reflexión de
JOEL

Quizá mientras lees las palabras de mi padre tal vez digas: «No quiero hacerme ilusiones. He orado. He hecho todo lo posible. Nada ha cambiado. Si no me hago ilusiones y no me pasa nada bueno, al menos no me llevaré una decepción».

Amigo, debes hacerte ilusiones o no tendrás fe (Hebreos 11.1). Piensa en el cautivador relato de dos hombres ciegos que oyeron que Jesús estaba pasando cerca de ellos. Cuando Jesús escuchó sus gritos clamando misericordia planteó una intrigante pregunta: «¿Creen que puedo sanarlos?» (Mateo 9.28). Jesús quería saber si su fe era genuina. Los ciegos respondieron: «Sí, Señor». Entonces la Biblia dice: «Entonces les tocó los ojos y les dijo: "Se hará con ustedes conforme a su fe"» (v. 29). ¡Qué declaración tan poderosa acerca de su fe! ¡Te conviertes en aquello que crees!

CAPÍTULO CUATRO

Un hombre *de* fe ora *de* todo corazón aunque ya haya escuchado *la* respuesta

La Biblia dice que después de que el profeta Elías le anunciara al rey Acab que la lluvia se acercaba y de que este se fuera a comer y beber, «Elías subió a la cumbre del Carmelo, se inclinó hasta el suelo y puso el rostro entre las rodillas» (1 Reyes 18.42).

Así pues, si *por fe* Elías oyó el sonido de un tormentoso aguacero (v. 41), ¿por qué simplemente no se puso su manto sobre la cabeza, se fue a casa y pensó que había sido un buen día? ¿No podría haber dicho: «Ya oigo la lluvia; se está acercando. No hay necesidad de que me quede por aquí»? No, Elías sabía que era el momento de acercarse a Dios en ferviente oración, en oración prevaleciente, para asegurarse de que lo que había oído por fe llegara a realizarse.

Oír la respuesta que necesitas por fe no significa que no debas orar y clamar por tu victoria. No quiere decir que no vaya a haber ninguna lucha. Debemos «pelear la buena batalla de la fe» hasta «hacer nuestra la vida eterna a la que fuimos llamado» (1 Timoteo 6.12).

Cuando a mi esposa, Dodie, le diagnosticaron un cáncer de hígado con metástasis en 1981 y le dieron solo unas semanas de vida, inclinamos nuestros rostros en nuestro dormitorio y oramos en fe, de acuerdo con la Palabra de Dios en que «por las llagas de Jesús [ella] estaba curada». Aunque conocíamos la verdad de la voluntad de Dios tal como era revelada en Su Palabra, tuvimos que regresar una y otra vez a la promesa de Dios y mantenernos en aquella Palabra por fe durante muchos, muchos meses hasta que la sanidad se manifestó en su cuerpo.

Como Elías demostró en el Monte Carmelo, la segunda cualidad de un hombre de fe es que ora fervientemente en la fe aunque ya haya oído la respuesta.

La oración que prevalece y el hombre de fe

La oración es nuestro contacto y nuestra conversación con Dios, y es una clave importante para convertirse en un hombre de fe. El hecho es que nuestra vida entera debería ser una oración constante. El apóstol Pablo nos aconseja que «oremos sin cesar» (1 Tesalonicenses 5.17). Podemos y debemos hablar con Dios en cualquier momento, de día o de noche, estemos de rodillas o no. No es la posición de nuestro cuerpo lo que le interesa a Dios, sino la condición de nuestro corazón. Podemos hablar con Dios sin importar dónde estemos o qué hagamos. Y sean nuestras oraciones verbales o de pensamiento, son igual de efectivas.

La oración puede ser en forma de alabanza, de comunión, declarando la Palabra o incluso resistiendo al enemigo. Pero, lo más importante, *la oración debe prevalecer sobre las circunstancias.* Esto fue cierto para el profeta Elías, y es cierto para cualquier hombre de fe hoy en día.

La oración que prevalece es frecuente, continuada, efectiva y persuasiva. Debemos aprender a tener una vida de oración que prevalezca. La Biblia es específica acerca de lo que es necesario si queremos tener éxito en la vida de oración prevaleciente.

Ora con sentido de rectitud

«Por eso, confiésense unos a otros sus pecados, y oren unos por otros, para que sean sanados. La oración del justo es poderosa y eficaz» (Santiago 5.16).

Santiago señala que la oración continuada del justo, del hombre de fe, es poderosa y eficaz. Y ese poder está disponible *cuando oramos según las Escrituras*: no necesariamente solo porque oramos, sino porque oramos conforme a la Palabra de Dios, como Elías demostró.

La oración que realmente prevalece ante Dios es la oración que honra la gran verdad redentora del Nuevo Pacto: que somos nuevas criaturas en Jesucristo. A causa de nuestra relación con Jesús, el Justo, nosotros somos justificados y tenemos el derecho de acercarnos confiadamente al trono de gracia a fin de obtener misericordia y gracia en tiempo de necesidad (Hebreos 4.16).

La oración que prevalece proviene de la aceptación calmada y práctica del hecho de que somos la justicia de Dios, no de la arrogancia o del orgullo. La oración que se basa en tu derecho

Check Out Receipt

BPL- Connolly Branch Library
617-522-1960
http://www.bpl.org/branches/connolly.htm

Thursday, January 10, 2019 3:06:44 PM

Item: 39999077514386
Title: Se un hombre de fe inquebrantable
Material: Paperback Book
Due: 01/31/2019

Total items: 1

Thank You!

a estar en la presencia de Dios desata un tremendo poder para suplir tus necesidades y caminar en victoria en tu vida personal.

Deléitate en el Señor

«Deléitate en el Señor, y él te concederá los deseos de tu corazón» (Salmo 37.4). Esta es otra forma de que la oración prevaleciente esté en tu vida: *deléitate en el Señor.*

No debes prestar atención a esos tipos que quieren desanimarte. Siempre habrá quienes critiquen al pueblo de Dios y desalienten la fe. Cuando David estaba bailando con gozo delante el Señor, lo hacía con tanto ímpetu que los ropajes se le subían y enseñaba las piernas. Su esposa Mical estaba mirando por la ventana y le menospreció en su corazón. Cuando David entró feliz y radiante por su fe ella le dijo: «¡Qué distinguido se ha visto hoy el rey de Israel, desnudándose como un cualquiera en presencia de las esclavas de sus oficiales!» (2 Samuel 6.20).

La respuesta de David a Mical fue continuar regocijándose en el Señor: «Lo hice en presencia del Señor, quien en vez de escoger a tu padre o a cualquier otro de su familia, me escogió a mí y me hizo gobernante de Israel, que es el pueblo del Señor. De modo que seguiré bailando en presencia del Señor, y me rebajaré más todavía, hasta humillarme completamente» (vv. 21–22).

Sin reparar en las circunstancias, regocíjate en el Señor. Habacuc 3.17–18 dice: «Aunque la higuera no dé renuevos, ni haya frutos en las vides; aunque falle la cosecha del olivo, y los campos no produzcan alimentos; aunque en el aprisco no haya ovejas, ni ganado alguno en los establos; aun así, yo me regocijaré en el Señor, ¡me alegraré en Dios, mi libertador!».

Sé feliz cuando hables con el Señor; disfruta de tu tiempo con él. Deléitate en Su presencia. No importa lo que suceda, los hombres de fe deberían alegrarse en el Señor. Dios quiere que prosperemos. Pero aunque debiésemos dinero a todo el mundo y tuviésemos todo tipo de dificultades, ¡todavía tenemos a Jesucristo y la vida eterna! Vamos a ir al cielo, donde no hay suspiros, ni muerte, ni dolor, ni tristeza, ¡y durará para siempre!

PIDE EN EL NOMBRE DE JESÚS

Jesús nos dice: «Ciertamente les aseguro que el que cree en mí las obras que yo hago también él las hará, y aun las hará mayores, porque yo vuelvo al Padre. Cualquier cosa que ustedes pidan en mi nombre, yo la haré; así será glorificado el Padre en el Hijo. Lo que pidan en mi nombre, yo lo haré» (Juan 14.12–14).

Jesús fue al Padre, y allí es nuestro representante. Relaciónate con Jesús, habla con Él y ora en Su nombre como un hombre cuya fe está anclada solo en Él.

Ahora considera lo que Jesús les dijo a Sus discípulos justo después de que les contase que iba a morir. Él dijo: «Lo mismo les pasa a ustedes: Ahora están tristes, pero cuando vuelva a verlos se alegrarán, y nadie les va a quitar esa alegría. En aquel día ya no me preguntarán nada. Ciertamente les aseguro que mi Padre les dará todo lo que le pidan en mi nombre. Hasta ahora no han pedido nada en mi nombre. Pidan y recibirán, para que su alegría sea completa» (Juan 16.22–24).

Dios quiere que te acerques a Él por fe y pidas en el nombre de Jesús que tu gozo sea completo.

ORA POR FE SIN TAMBALEARTE

Jesús murió y resucitó. Fue al Padre para que nosotros pudiésemos tener el privilegio de la oración prevaleciente como hombres de fe. Y se nos ha ordenado pedir por fe, sin tambaleos.

«Si a alguno de ustedes le falta sabiduría, pídasela a Dios, y él se la dará, pues Dios da a todos generosamente sin menospreciar a nadie. Pero que pida con fe, sin dudar, porque quien duda es como las olas del mar, agitadas y llevadas de un lado a otro por el viento. Quien es así no piense que va a recibir cosa alguna del Señor; es indeciso e inconstante en todo lo que hace» (Santiago 1.5–8).

Dios no quiere que nuestra fe se base en nuestras condiciones presentes. No deberíamos dejarnos zarandear por las circunstancias de la vida. Dios quiere que creamos en Sus promesas y que nos aferremos a ellas sin tambalearnos. Quiere que nuestra fe permanezca constante.

No tenemos que suplicarle a Dios por lo que ya ha prometido en Su Palabra. Debemos ejercitar nuestra fe y entrar en Su presencia con confianza. Simplemente pedimos y aceptamos... sin ninguna duda. Podemos decir: «Padre, he encontrado esta promesa en Tu Palabra, ¡y te doy las gracias por ella!». Esto debería hacer que ir al Padre sea un verdadero gozo. Sé feliz y regocíjate; eso forma parte de nuestra oración y nuestra alabanza a Dios.

SIN REPARAR EN LAS

circunstancias,

regocíjate en el Señor.

ORA POR LOS MOTIVOS CORRECTOS

Ten cuidado cuando ores, no sea que estés pidiendo por los motivos equivocados y por el propósito incorrecto. Debemos pedir por los motivos correctos.

«¿De dónde surgen las guerras y los conflictos entre ustedes? ¿No es precisamente de las pasiones que luchan dentro de ustedes mismos? Desean algo y no lo consiguen. Matan y sienten envidia, y no pueden obtener lo que quieren. Riñen y se hacen la guerra. No tienen, porque no piden. Y cuando piden, no reciben porque piden con malas intenciones, para satisfacer sus propias pasiones» (Santiago 4.1–3).

A fin de que la oración que prevalece esté en nuestras vidas, debemos asegurarnos de no pedir para nuestros propósitos egoístas. Por ejemplo, algunas personas oran para ser sanadas sin la voluntad de vivir para Dios. Algunos oran para recibir ayuda financiera sin la intención de honrar a Dios con sus diezmos. Esto es orar por motivos egoístas, y deshonra a Dios. «Nada hay tan engañoso como el corazón. No tiene remedio. ¿Quién puede comprenderlo?» (Jeremías 17.9). Cuando oramos, debemos aproximarnos a Dios con un corazón sincero y humilde.

Para poder prevalecer en oración, debemos asegurarnos de que nuestros motivos son correctos. Tenemos que estar vinculados a los grandes propósitos de Dios.

PIDE CONFORME A LA VOLUNTAD DE DIOS

La voluntad de Dios es la Palabra de Dios. Si no estamos pidiendo por algo que se encuentra en la Palabra de Dios, nuestras oraciones son inútiles. Pero si oramos conforme a la voluntad de Dios, tenemos Su promesa de que nos va a contestar. «Ésta es la confianza que tenemos al acercarnos a Dios: que si pedimos conforme a su voluntad, él nos oye» (1 Juan 5.14).

Hay muchas, muchísimas promesas en la Palabra de Dios, y tenemos derecho a disfrutar de todas ellas. La salvación, la sanidad, la prosperidad, un matrimonio y una familia feliz y la salvación para nuestros seres queridos están en Su Palabra. Podemos pedir todas estas cosas confiadamente, sabiendo que Dios nos oirá y nos escuchará, porque todas ellas están en Su Palabra.

«Y si sabemos que Dios oye todas nuestras oraciones, podemos estar seguros de que ya tenemos lo que le hemos pedido» (1 Juan 5.15). En otras palabras, sabemos que si Dios lo ha dicho, ¡lo tenemos! No tenemos que suplicarle a Dios por las cosas que nos ha prometido.

Así pues, podemos orar con confianza, independientemente de la necesidad, sabiendo que Dios oirá y responderá nuestras oraciones siempre que oremos conforme a Su Palabra.

Ora con la conciencia tranquila

«...que aunque nuestro corazón nos condene, Dios es más grande que nuestro corazón y lo sabe todo» (1 Juan 3.20).

Algunas veces los cristianos tratan de justificar las cosas equivocadas que hacen, y en su interior se desata una batalla. Quizá hayan permitido cosas en sus vidas que no deberían estar allí. Pero ese pecado produce un empeoramiento en la vida del creyente. Al ser nacidos de Dios y tener Su naturaleza, no podemos practicar el pecado de forma habitual y disfrutarlo (1 Juan 3.9). Jamás podemos amarlo.

El apóstol Juan sigue diciendo: «Queridos hermanos, si el corazón no nos condena, tenemos confianza delante de Dios, y recibimos todo lo que le pedimos porque obedecemos sus mandamientos [observamos sus sugerencias y órdenes, seguimos Su plan para nosotros] y hacemos lo que le agrada» (1 Juan 3.21–22, añadido de la versión en inglés de la Amplified Bible). Aquí, el amado Juan claramente distingue cuatro cosas específicas que deberíamos estar haciendo para poder recibir de parte de Dios.

Primero, *obedecer atentamente Sus mandamientos*. Dios se deleita en contestar las oraciones de aquellos que siempre buscan obedecerle. Las Escrituras están llenas de formas en que debemos obedecer al Padre como hombres de fe, ya sea caminando en santidad, amando a nuestras esposas e hijos, siendo el líder espiritual de nuestro hogar o gobernando a nuestras familias para guardarlas del maligno. Esa es una de las cosas que hemos de hacer a fin de que la oración prevaleciente esté en nuestras vidas.

En segundo lugar, *observar sus sugerencias*. La mayoría de los cristianos se esfuerzan por obedecer las órdenes de Dios, pero a medida que nuestra relación con él crece, Dios tiene la suficiente confianza en nosotros para, a veces, hacernos sugerencias y dejar que seamos nosotros mismos los que decidamos. Es algo maravilloso estar tan en sintonía con Dios que podamos responder a sus más mínimas sugerencias: «Hijo mío, yo no haría eso» o «Eso no es lo mejor que tengo para ti». El corazón de Sus hijos late para agradarle, y Él sabe que puede confiar en ellos.

En tercer lugar, *seguir Su plan*. Como hombre de fe, lo más importante del mundo es meterte de lleno en el plan de Dios para tu vida. Dios es el arquitecto del universo. Si Él puede ensamblar un universo tan intrincado como el nuestro y ocuparse de cada minucioso detalle, con toda certeza puede dibujar un plan para nuestras vidas. Hay una voluntad de Dios buena, agradable y perfecta para ti (Romanos 12.2). Y a fin de experimentar el poder de la oración prevaleciente, debemos seguir el plan de Dios para nuestras vidas.

En cuarto lugar, *practicar habitualmente lo que le agrada a Dios*. Asegúrate de descubrir lo que le agrada a Dios y haz que ese modo de vida sea una prioridad en tu día a día. Escucha lo que la Biblia dice acerca de cómo debemos vivir: «No amen al mundo ni nada de lo que hay en él. Si alguien ama al mundo, no tiene el amor del Padre. Porque nada de lo que hay en el mundo —los malos deseos del cuerpo, la codicia de los ojos y la arrogancia de la vida— proviene del Padre sino del mundo. El mundo se acaba con sus malos deseos, pero el que hace la voluntad de Dios permanece para siempre» (1 Juan 2.15–17).

A medida que sigas estas sencillas directrices, podrás descubrir muchas formas de disfrutar y poner en práctica la oración prevaleciente en tu vida. Como un hombre de fe inquebrantable, haz de la oración una parte constante y placentera de tu vida.

Reflexión de
JOEL

*C*uando era niño, venía a nuestra iglesia un hombre con las manos tan inmovilizadas por la artritis que apenas podía usarlas. Pero un día él oyó a mi padre predicar acerca del perdón y de cómo su carencia impedía que el poder de Dios operara en nuestras vidas y evitaba que nuestras oraciones fuesen contestadas. Empezó a pedirle a Dios que le ayudara a deshacerse del odio y el resentimiento que había en su corazón hacia aquellas personas que le habían herido a lo largo de los años. Cuando perdonó, empezó a suceder algo asombroso. Uno por uno sus dedos se enderezaron, y finalmente Dios restauró sus manos a la normalidad.

Es posible que veas respondidas tus oraciones con más rapidez cuando sueltes el pasado y te deshagas de la amargura y el resentimiento.

CAPÍTULO CINCO

Un hombre *de* fe es fuerte cuando no hay pruebas *de la* respuesta

En el relato del profeta Elías y su criado en el Monte Carmelo que hemos estado viendo, él le dice a su siervo: «"Ve y mira hacia el mar"... El criado fue y miró, y dijo: "No se ve nada"» (1 Reyes 18.43).

Como Elías demostró, la tercera cualidad de un hombre de fe inquebrantable es que su fe es fuerte cuando no hay pruebas de la respuesta. Los hombres de fe siguen adelante aunque no vean la respuesta. Cuando la situación dice: «No hay ningún indicio de que Dios vaya a responder», tú sigues adelante porque tienes la Palabra de Dios.

Elías siguió creyendo cuando vio que nada sucedía en el ámbito físico. Así es precisamente cómo Dios comenzó al principio. Él creó el universo de la nada. Así que si quieres parecerte a Dios, empieza desde cero y habla la Palabra de Dios hasta que lo que deseas se haga realidad. Él es el Dios que «que llama las cosas que no son como si ya existieran» (Romanos 4.17).

Tal vez no tengas nada. Quizá estés a punto de abandonar. Has orado, has recurrido a Dios, pero aún no hay recompensa. La gente te dice: «¡Esto no funciona!». *Mantente firme. Sigue sosteniendo la Palabra de Dios ante Él.*

En Jeremías 1.12 el Señor dice: «porque yo estoy alerta para que se cumpla mi palabra». *Si Dios lo prometió, Él lo hará.*

¡Señor, abre nuestros ojos!

Elías sabía, y un hombre de fe sabe, que la vida es un campo de batalla. Pero también llega a entender que la batalla está ganada cuando escucha a su espíritu regocijándose por lo que él *sabe* que es cierto por la fe mediante el conocimiento revelado adquirido a través de la Palabra de Dios.

En 2 Reyes 6 se narra una sorprendente historia sobre el profeta Eliseo, discípulo de Elías. Los sirios estaban luchando contra los israelitas, y cada vez que los sirios hacían un movimiento, los israelitas sabían donde estaban sus enemigos con anticipación. Así que el líder sirio reunió a toda su gente y dijo: «Quiero saber algo en este consejo de guerra. ¿Quién es por Israel y quién por nosotros? Debe haber un espía en el campamento».

Uno de los criados respondió: «No, mi señor y rey. Pero Eliseo, el profeta que está en Israel, le comunica al rey de Israel aun lo que Su Majestad dice en su alcoba» (v. 12). Ellos dijeron: «¿Quieres decir que hay un profeta allí que puede entender estas cosas?». La respuesta fue afirmativa, ¡así que enviaron a todo el ejército para capturar a un solo hombre! Tal era el miedo que le tenía el enemigo a aquel hombre de Dios. Mandaron a todo un ejército para apresar a Eliseo.

Así es como va a suceder con nosotros. Dios se va a mover en lo sobrenatural. Puede que no lo sepas, pero el enemigo te teme.

La Biblia declara: «Así que sométanse a Dios. Resistan al diablo, y él huirá de ustedes» (Santiago 4.7). Satanás tiembla solo con pensar en ti como un hombre de fe.

El criado de Eliseo se despertó por la mañana y vio las grandes huestes del ejército sirio, con sus carros y caballos. Todo lo que aquel joven podía ver era el enemigo, y su respuesta natural fue dejarse llevar por el pánico y gritar: «¡Ay, mi señor! ¿Qué vamos a hacer?» (v. 15).

Sin embargo, cuando Eliseo se levantó y salió para evaluar la situación, él también vio aquellos cientos y posiblemente miles de caballos sirios y dijo: «No tengas miedo. Los que están con nosotros son más que ellos» (v. 16).

Puedo imaginarme a ese joven diciendo: «Eliseo, no sé cómo cuentas, pero uno más uno son dos, ¡y claramente ellos nos superan en número!».

Eliseo respondió: «"Señor, ábrele a Guiezi los ojos para que vea". El Señor así lo hizo, y el criado vio que la colina estaba llena de caballos y de carros de fuego alrededor de Eliseo» (v. 17). ¡Las huestes celestiales rodeaban a los sirios!

Eliseo no dijo: «Mira, Dios ha creado algunos ángeles». No, aquellos ángeles habían estado allí todo el tiempo, en el mundo invisible. Que Dios manifestara su presencia haciéndolos visibles en la dimensión física en aquel momento no cambiaba el hecho de que ya estuvieran presentes. La respuesta había estado allí todo el tiempo.

Adéntrate en el bosque de las verdades eternas de Dios

Lo que fue cierto para el criado de Eliseo es cierto para nosotros a medida que empezamos a experimentar la mano de Dios en nuestras vidas. Ya lo ves, la salvación ha existido para ti desde que Jesús murió y la compró con Su sangre. La sanidad, la vida eterna y la bendición económica han sido tuyas.

A veces no ves de inmediato tu nuevo trabajo, tu curación, tu prosperidad o tu victoria sobre una adicción, pero eso no significa que no sea tuyo. Así como tu ángel está a tu lado y tú estás convencido por la Palabra de Dios de que él vive en ese mundo invisible cuidando de ti, del mismo modo tu curación o tu prosperidad están ahí. Por lo que a Dios respecta, Sus promesas son todas tuyas. Puedes regocijarte por fe en que son tuyas, aunque aún no hayan sido manifestadas.

Supongamos que le digo a mi esposa: «Dodie, te dejo mil dólares en tu bolsillo para que te los gastes en lo que quieras. Están en el abrigo colgado en el armario». Piensa en lo que haría. Primero, se alegraría porque me cree. Segundo, empezaría a planear cómo usar el dinero. Tercero, le empezaría a contar a todo el mundo acerca del gozo y la bendición que había recibido.

Pero aunque hiciera estas tres cosas, aún no ha visto, ni sentido, ni oído el susurro del roce de los mil dólares. Todo lo que tiene es la palabra de una persona a la que ama y en la cual confía. Pero, puesto que me cree, ella habla, se goza y hace planes por fe en que yo seré fiel a mi palabra.

¿No es extraño que actuemos en base a la palabra de un abogado, de un médico, de un experto financiero o de alguien a quien amamos y no actuemos en base a la Palabra de Dios? El ser humano puede mentir, ¡pero Dios no miente!

A medida que te adentres en la Palabra de Dios —en el maravilloso bosque de verdades eternas de Dios— encontrarás la abundancia que Dios ha puesto en tu bolsillo como hombre de fe. Él, libremente, te da salvación, sanidad, prosperidad, fuerza, victoria y la capacidad de vencer la tentación y a Satanás. Está todo ahí en el mundo espiritual. Está en tu bolsillo espiritual. Aún no lo has tocado. Aún no lo has visto ni sentido. Todo lo que tienes es la Palabra del Dios Todopoderoso, ¡quien no puede mentir!

Por fe puedes alcanzar el área invisible y experimentar el poder de Dios actuando en tu vida.

Considera esta verdad: «Ahora bien, la fe es la garantía de lo que se espera, la certeza de lo que no se ve» (Hebreos 11.1).

La fe se adentra en la Palabra de Dios, cree a Dios y prevé como un hecho real lo que aún no ha sido revelado a los cinco sentidos físicos. «Por la fe entendemos que el universo fue formado por la palabra de Dios» (Hebreos 11.3). El universo fue equipado y creado por la Palabra de Dios.

¿No es ridículo que algunas personas jamás se aventuren en la mina de verdades eternas de Dios y después se pregunten por qué no tienen ni la fe ni la capacidad para creer en Dios? ¡Oh, esta verdad debería hacernos vivir en la Palabra de Dios!

¡Dios existe!

Como hombre de fe, debes empezar por la Palabra de Dios y creer que el *Dios invisible existe*. «En realidad, sin fe es imposible agradar a Dios, ya que cualquiera que se acerca a Dios tiene que creer que él existe y que recompensa a quienes lo buscan» (Hebreos 11.6). *¡El Dios invisible existe!*

Y no solo existe Dios, sino que todas las bendiciones que necesitamos existen, y el primer principio es creer que *existen* aun sin ver ninguna evidencia de ello. ¿Murió Jesús por tu sanidad? ¿Prosperidad? ¿Salvación? ¿Bendiciones? ¿Victoria sobre el pecado y el poder de la oscuridad? Sí, sí, sí, sí y sí.

Debes creer que este Dios invisible recompensa a aquellos que lo buscan con diligencia, y debes buscar solícitamente sus bendiciones invisibles. La Biblia dice que deberíamos leer la Palabra de Dios y buscarle como un tesoro escondido, como oro o plata (Proverbios 2.4). Si buscas con diligencia cada una de las bendiciones que se encuentran en la Palabra de Dios, Él te recompensará haciéndolas manifiestas ante ti.

Cuando la promesa o la bendición se hacen evidentes, el hombre de fe no se extraña. En cambio, dice: «Sabía que lo que ha sucedido hoy ha sido mío todo el tiempo. He estado alabando a Dios continuamente porque vi esto consumado en el mundo invisible, ¡y ahora es visible!».

¿Necesitas una confirmación de esta verdad? «Por la fe Noé, advertido sobre cosas que aún no se veían, con temor reverente construyó un arca para salvar a su familia. Por esa fe condenó

al mundo y llegó a ser heredero de la justicia que viene por la fe»
(Hebreos 11.7). Dios informó a Noé acerca de un hecho del que
aún *no había ninguna señal visible*.

Ya lo ves, como hombres de fe, eso es todo lo que nos sucede.
Nos adentramos en el banco de Dios, lleno de Sus magníficas
verdades eternas, y Dios dice: «Aquí están Mis promesas para ti.
Están a tu nombre, así que recíbelas por fe».

Los pilares de la fe

Gedeón, el personaje del Antiguo Testamento, estaba tri-
llando trigo detrás de un lagar, escondido por temor a los
enemigos de Israel. Estaba frustrado, temeroso y desanimado,
y se sentía un fracasado. Dios le envió un ángel, pero este no le
saludó diciendo: «Hola, miedica. ¡Hola, rastrero cobarde!».

El ángel vino a Gedeón desde el mundo invisible y dijo: «¡El
Señor está contigo, guerrero valiente!» (Jueces 6.12).

Gedeón respondió: «¿Quién más está aquí? ¿Estás tratando
de decirme que soy un hombre valeroso?».

Ahora, bien podía haber dicho el ángel: «Sí, así es exactamente cómo Dios te ve. Es todo tuyo, ya sea que lo tomes o no.
Eres un tremendo hombre de valor. ¡Te traigo nuevas del mundo
espiritual!».

Gedeón se levantó y empezó a actuar como si fuera un
hombre extremadamente valeroso, ¡y descubrió que lo era! La
historia de cómo trajo la liberación a su pueblo es legendaria.

Este es el mismo principio que Jesús enseña en Marcos 11.24:

«Por eso les digo: crean que ya han recibido todo lo que estén pidiendo en oración, y lo obtendrán». Jesús te pide que creas que es tuyo en el reino invisible sobre la base de la Palabra de Dios. No te pide que creas que ya se ha manifestado en el reino físico. Sin embargo, dice que en la medida en que lo creas en el reino invisible, Él se encargará de que lo consigas en el reino físico visible.

Como hombre de fe, *cree que lo recibes en el reino de la fe y lo tendrás en el reino natural.*

Dios es Creador. Él quiere tomarte de la mano para que veas cómo Su poder milagroso crea las cosas que suplirán cada una de tus necesidades. Quiere ayudarte a alcanzar al mundo con las buenas nuevas acerca de Jesús. Los pilares para el poder creativo de Dios no se encuentran en el reino natural, sino en el invisible.

Nuestra tarea como hombres de fe inquebrantable es creer lo que Dios dice que es verdad, confesarlo, gozarnos por ello y actuar como si ya fuera cierto. Jesús se encargará de que se manifieste. Estos son los pilares de la fe.

Mantente firme.

Sigue sosteniendo la Palabra de Dios ante Él.

Reflexión de
JOEL

Es interesante notar la diferencia entre la forma en que Gedeón se veía a sí mismo y el modo en que Dios le recompensó. A pesar de que Gedeón se sentía incompetente, lleno de miedo y carente de confianza, Dios se dirigió a él como un hombre poderoso de valor intrépido. Gedeón se sentía débil; Dios lo veía fuerte y capacitado para guiar a Su pueblo a la batalla y a la victoria. ¡Y Gedeón lo hizo!

Es más, Dios te ve a ti como un campeón. Él cree en ti y te considera una persona fuerte, valerosa, exitosa y que se supera. Puede que tú te sientas incompetente, inseguro, débil, temeroso e insignificante, ¡pero Dios te ve como un triunfador! Lo que tú sientes no cambia la imagen que Dios tiene de ti. Dios te sigue viendo exactamente como Su Palabra te describe. Aprende a verte a ti mismo como tu Padre celestial te ve. Él te ama y te ha destinado a ganar en la vida.

CAPÍTULO SEIS

¡Un hombre *de* fe nunca se da por vencido!

Al principio del capítulo anterior, el profeta Elías estaba orando en el Monte Carmelo y había enviado a su siervo a mirar hacia el mar en busca de nubes de lluvia. El criado escaló la colina y miró hacia el mar, y después miró fijamente una y otra vez todo lo lejos que sus ojos podían ver. Cuando regresó le dijo a Elías: «No hay nada».

Elías respondió: «Ve y mira de nuevo».

Así que el siervo fue una segunda vez y miró. Regresó de nuevo y dijo: «Aún no hay nada».

Elías le repitió: «Ve y mira de nuevo».

El criado fue una tercera, una cuarta, una quinta y una sexta vez. Imagino que se cansó bastante. Cada vez su respuesta a Elías era la misma. «No hay nada». Cada vez Elías oraba un poco más y entonces le decía: «Ve y mira de nuevo».

«Siete veces le ordenó Elías que fuera a ver» (1 Reyes 18.43).

Elías siguió orando. Siguió creyendo y descansando en la fe. Había visto la promesa de Dios en la Palabra. Ya había escuchado el sonido de la lluvia en su espíritu. Elías sabía que si Dios lo había dicho, lo haría. Así que continuó mandando a su criado a mirar de nuevo.

Como Elías demostró, la cuarta cualidad de un hombre de fe inquebrantable es que este sigue volviendo a las promesas de Dios y confiando en que Él las cumplirá.

Cuando te desanimes y parezca que Dios no está enviando la respuesta, regresa a la Palabra de Dios. Léela otra vez. Recuérdale a Dios Su promesa. Ve dos, tres, cuatro veces, ¡las veces que haga falta hasta que llegue la respuesta! Sigue regresando. No te des por vencido.

La fe no es una emoción

Para llegar a ser un hombre de fe inquebrantable necesitas afianzar en tu corazón que *la fe no tiene nada que ver con la emoción: nada.* La fe es sencillamente actuar en base a la Palabra de Dios, creyendo que Él te dijo la verdad. Algunas personas aguardan una gran manifestación de fe. Esperan que se les ponga la carne de gallina o que caigan rayos del cielo. ¡Eso es ridículo! ¡La fe es un acto!

La fe no es una emoción. *La fe es creer y actuar conforme a un contrato legal basado en la Palabra de Dios.*

Esta verdad puede cambiar tu vida. Cuando lees una porción de la Escritura que puedes aplicar a tu vida, la fe crece en tu corazón. Sencillamente, puedes recibir la Palabra de Dios y empezar a actuar como si ya fuera así, como hizo Elías.

Yo quiero que toda la Palabra de Dios me beneficie. Aunque la Palabra se les predicó a los israelitas en el desierto, no les benefició, porque no estaba aderezada con fe. Hebreos 4.3 dice: «En tal reposo entramos los que somos creyentes...». Cuando crees, ¡entras en el reposo! No necesitas retorcerte las manos con miedo y preocupación.

Aquellos que creen entran en el reposo de Dios. «Por consiguiente, queda todavía un reposo especial para el pueblo de Dios; porque el que entra en el reposo de Dios descansa también de sus obras, así como Dios descansó de las suyas» (Hebreos 4.9–10).

La fe proporciona un reposo divino

La fe descansa. *Cuando la Palabra de Dios alcanza tu corazón y sabes que Dios te ha escuchado, se da un reposo inamovible.* Tu parte es buscar a Dios y estudiar Su Palabra cada día. Medita en Sus verdades hasta que un día un dulce y divino reposo te invada. Entonces sabrás que todo está bien. La fe proporciona descanso. No importa cuánto sople la tormenta y cómo aúlle el viento a tu alrededor, puedes descansar.

Hace unos años tuvo lugar un concurso de pintura. Cada boceto debía ilustrar la paz y el descanso. Se presentaron muchas obras: preciosas imágenes de escenas bucólicas, montañas majestuosas, paisajes marítimos y puestas de sol.

Pero justo en medio de aquellas apacibles escenas había un dibujo de una tormenta. Las nubes de tempestad colgaban bajas en el horizonte, y un relámpago parpadeaba en el cielo negro con tal detalle que casi se podía oír el trueno. En aquel dibujo había montañas, y en medio de un peñasco, resguardada del viento, había una pequeña mamá pájaro con su nido a salvo en una hendidura de la roca. Estaba allí posada cantando con todas sus fuerzas mientras su prole estaba en el nido. Esta es una imagen de descanso y auténtica paz.

¡Aquel pajarillo sabía por instinto que todos los vientos del mundo no podían derribar aquella montaña! El mismo Creador que creó seguridad para el pájaro es tu Padre celestial, quien te mantendrá a salvo a través de todas las tormentas que la vida pueda traer. El descanso divino que Dios ofrece no es necesariamente llegar a un lugar donde no tengas tempestades. ¡El reposo de Jesús puede ser tuyo en medio del temporal!

Como hemos visto en el ejemplo de Elías, desde el momento en que lees y crees en la Palabra de Dios hasta que finalmente ves la manifestación de la respuesta puedes descansar, sabiendo que Dios es fiel a Su Palabra.

UNA VIDA DE FE

Mientras esperas en fe que los fondos lleguen, que un hijo regrese al hogar, la estabilidad emocional y la superación del miedo, o lo que sea que desees de Dios, *lo que muestra tu inquebrantable confianza en Dios es una vida de alabanza solo a Él y a Su Palabra.* Puedes disfrutar de ese reposo que alza simplemente los ojos a Dios y le alaba, porque sabes que Dios te ama y es fiel a Su Palabra.

La Biblia declara: «Quien me ofrece su gratitud, me honra; al que enmiende su conducta le mostraré mi salvación» (Salmo 50.23).

N<small>O IMPORTA LO DIFÍCIL QUE SEA</small>

<small>LA SITUACIÓN,</small>

la acción de gracias y la alabanza

toca el corazón de Dios.

Cuando crees que Dios te ha dado lo que tu corazón anhela pero hasta ahora no hay ninguna manifestación externa de ello, deberías vivir una vida de alabanza que glorifique a Dios y confiese Su Palabra con gozo delante del trono del Padre.

Tengo tres hijas que siempre quieren vestidos nuevos. Imagínate que mi hija pequeña viene y me dice: «Papá, quiero un vestido nuevo. ¡Por favor!». Yo le diría: «Querida, hoy es lunes, pero si confías en mí y esperas un poco, te compraré ese vestido el sábado». Al igual que en el ejemplo anterior de los mil dólares en el abrigo de mi esposa, mi hija se pondría a saltar de alegría, porque sabe que va a conseguir ese vestido el sábado. Ella confía en que yo llevaré a cabo lo que he prometido, así que entre el lunes y el sábado todo lo que hace es vivir con gozo. Le va a contar a todo el que se encuentre lo de su vestido nuevo.

Date cuenta de que solo he hablado con ella una sola vez acerca del vestido. Ella nunca regresa para asegurarse de que no le estoy mintiendo. Sabe que mi palabra es válida desde el lunes hasta el sábado, y sabe que el sábado llegará.

Hace unos años, cuando estaba escribiendo *There's a Miracle in Your Mouth* [Hay un milagro en tu boca], me encontraba en medio del dolor más grande de toda mi vida. Tenía espasmos musculares en la espalda y no podía dormir por las noches. Era tan atroz el dolor que parecía que cada disco se hubiera herniado y cada vértebra hubiera sido sacada de su lugar.

Durante las semanas que pasé escribiendo me atormentaban pensamientos como: *Vas a tener que pasar por el quirófano y terminarás paralizado, en una silla de ruedas, y jamás volverás*

*a tener una vida normal. Eres un hipócrita. Mientras estás aquí
sentado escribiendo tu libro de los milagros, ¡estás más enfermo que
nadie! No vas a ponerte bien. No hay ningún milagro en tu boca o
en tu vida. ¿Por qué deberías contarles a los demás cómo ponerse
bien? Para ti no funciona.* ¡Aquellas eran las mentiras insinuantes
y la reprensión de Satanás!

A pesar del dolor y de las noches sin dormir, me levantaba
por la mañana, salía afuera y caminaba y hablaba con Dios. Le
decía: «Padre, te alabo y te doy gracias porque he recibido sanidad. Gálatas 3.13 dice que "Cristo nos rescató de la maldición
de la ley al hacerse maldición por nosotros, pues está escrito:
'Maldito todo el que es colgado de un madero'". Gracias porque
recibí la sanidad en el mismo momento en que te la pedí. La he
recibido. Sé que hoy es lunes, pero *te doy las gracias porque el
sábado llegará.* Voy a estar desde ahora hasta el sábado alabán-
dote. Sí, te alabo y te doy las gracias, Padre».

Mientras alababa a Dios y le daba las gracias por la manifestación de la respuesta, podía verme fuera de aquella situación.
Podía verme liberado. ¡Me llené de gozo cuando me contemplé a
mí mismo completamente curado!

¡Alabar y darle las gracias a Dios cuando estás en medio de
la batalla le provoca al enemigo un ataque de nervios! ¡Tiene
que tomar tranquilizantes! Mientras oraba el lunes, aguardaba
la llegada del sábado. Sabía que Dios me había prometido más
que un vestido nuevo. Sabía que la curación era mía. Y no gasté
mi tiempo suplicando o cuestionando a Dios, sino que con una
confianza inamovible simplemente le alabé.

Después de terminar de escribir *There's a Miracle in Your Mouth* el dolor desapareció, ¡y no he vuelto a tener ni un ápice de problemas de espalda desde entonces! La Biblia nos enseña a vivir una vida de alabanza.

LA ALABANZA ES LA FE EN ACCIÓN

Cuando digas lo que Dios dice acerca de tu situación, empezarás a verte como Dios te ve. Puedes permitir que las pruebas tambaleen tu confianza en Dios o puedes confiar en Dios. Las dudas y el miedo llegan cuando crees más en las circunstancias que en Dios.

Dios dice de Abraham: «Ante la promesa de Dios no vaciló como un incrédulo, sino que se reafirmó en su fe y dio gloria a Dios» (Romanos 4.20). Él creció fuerte en la fe, dando alabanza a Dios. Alabó a Dios antes siquiera de haber visto a Isaac. *Sarah no concibió a Isaac hasta que tuvo noventa años y Abraham noventa y nueve, veinticuatro años después de que Dios le hubiera dado la promesa.* Sin embargo, Abraham alzó los ojos al cielo y dijo: «¡El sábado se acerca! ¡El sábado se acerca!». ¡Alabó a Dios y se fortaleció en la fe a medida que contemplaba la Palabra de Dios y alababa a Dios porque Su Palabra es verdad! Él tenía una confianza inquebrantable en Dios.

En Josué 6 leemos la historia de Josué marchando alrededor de las murallas de la ciudad de Jericó. Las rodearon alabando a Dios y gritaron *antes* de que los muros se derrumbaran.

La alabanza es la fe en acción. Entre el lunes y el sábado deberíamos alabar a Dios, ¡porque la respuesta está en camino!

En 2 Crónicas 20.21–22 el rey Josafat oyó que un vasto ejército de moabitas y amonitas habían venido a pelear contra Judá. El rey Josafat estaba tan abrumado por las noticias que empezó a buscar al Señor, proclamó un ayuno y convocó al pueblo para buscar juntos al Señor y pedir Su ayuda. Le recordó a Dios Su promesa de escucharles y salvarles cuando clamaran a Él en tiempo de aflicción. Como resultado, el Espíritu del Señor vino sobre el profeta Jahaziel, quien proclamó: «No tengan miedo ni se acobarden cuando vean ese gran ejército, porque la batalla no es de ustedes sino de Dios». En base a aquella Palabra de Dios, el rey envió cantantes delante del ejército, que decían: «Den gracias al Señor; su gran amor perdura para siempre», y los ejércitos oponentes se volvieron unos contra otros ¡y se destruyeron entre sí! ¡La batalla se ganó milagrosamente porque empezaron a alabar al Señor! *La alabanza fue su arma secreta.*

Tal vez digas: «Seguramente Jesús no tenía que alabar a Dios antes de la manifestación de una de sus promesas». Si piensas eso, tienes que leer la historia de Jesús resucitando a su amigo Lázaro de la muerte (Juan 11). En aquella situación, cuando Jesús llegó a Betania le contaron lo de la muerte de Lázaro. «Al ver llorar a María y a los judíos que la habían acompañado, Jesús se turbó y se conmovió profundamente. "¿Dónde lo han puesto?", preguntó. "Ven a verlo, Señor", le respondieron. Jesús lloró» (Juan 11.33–35).

Jesús era muy misericordioso y compasivo. Los judíos se mofaron de Él, pensando equivocadamente que lloraba de tristeza y desesperación. Algunos de ellos dijeron: «Este, que le abrió los ojos al ciego, ¿no podría haber impedido que Lázaro muriera?» (v.

37). Jesús gimió para sí. Se acercó a la tumba, que era una cueva cuya entrada estaba tapada con una piedra. Les dijo que retiraran la piedra, a pesar de que Lázaro llevaba muerto cuatro días.

En el versículo 40 Jesús expresó: «¿No te dije que si crees verás la gloria de Dios?». Entonces ellos retiraron la piedra y Jesús alzó los ojos al cielo y dijo: «Padre, te doy gracias porque me has escuchado [tiempo pasado]». Lázaro todavía estaba muerto, pero Jesús estaba declarando: «Padre, te doy gracias porque está vivo. Te doy gracias porque está fuera de la tumba». Jesús alabó a Dios *antes* de que Lázaro fuera levantado de la muerte.

De hecho, Jesús estaba diciendo: «Padre, te doy gracias porque me has escuchado. Ya he recibido la respuesta a mi oración. Ya veo a Lázaro resucitado. Te doy las gracias porque me *has escuchado*». Jesús alabó al Padre cuando no había ninguna evidencia de vida. No es que *vayas* a ser un triunfador; ya *eres* un triunfador.

Debes ser capaz de ponerte en pie en medio de todas las evidencias de muerte y decir: «Padre, te doy las gracias porque me has escuchado. Estoy curado. Soy libre. Tengo lo que mi corazón anhela».

Entre el lunes y el sábado, debemos alabar a Dios y descansar en Él. ¡La alabanza es la fe en acción!

Ofrece un sacrificio de acción de gracias y alabanza

Observa la historia de Jonás: «La palabra del Señor vino a Jonás hijo de Amitay: "Anda, ve a la gran ciudad de Nínive y proclama contra ella que su maldad ha llegado hasta mi presencia". Jonás se fue, pero en dirección a Tarsis, para huir del Señor» (Jonás 1.1–3). En vez de obedecer a Dios, Jonás tomó la dirección opuesta.

¿Alguna vez has huido de Dios? Jonás no llegó muy lejos, y tú tampoco lo harás. Si lees su historia, sabrás que Jonás terminó lanzado por la borda y tragado por un gran pez. Se acabó encontrando en el interior de aquel pez, entre babas y jugos gástricos y con la cabeza envuelta en algas. Estoy seguro de que estaba convencido de que iba a morir.

Aun así, en medio de todo aquello Jonás encontró la liberación. «Entonces Jonás oró al Señor su Dios desde el vientre del pez» (Jonás 2.1). ¿Sabías que puedes orar en el vientre de un pez? Si él pudo orar dentro de un pez, ¡sin duda tú puedes orar en medio de tus problemas!

Jonás oró al Señor desde el vientre del pez: «En mi angustia clamé al Señor, y él me respondió. Desde las entrañas del sepulcro pedí auxilio, y tú escuchaste mi clamor. A lo profundo me arrojaste, al corazón mismo de los mares; las corrientes me envolvían, todas tus ondas y tus olas pasaban sobre mí. Y pensé: "He sido expulsado de tu presencia. ¿Cómo volveré a contemplar tu santo templo?". Las aguas me llegaban hasta el cuello, lo profundo del océano me envolvía; las algas se me enredaban en la cabeza, arrastrándome a los cimientos de las montañas. Me tragó la tierra, y para siempre sus cerrojos se cerraron tras de mí. Pero tú, Señor, Dios mío, me rescataste de la fosa» (Jonás 2.2–6).

Fíjate en que después Jonás recordó: «Al sentir que se me iba la vida, me acordé del Señor» (Jonás 2.7). Si aún puedes alzar tus ojos al Eterno, al Dios Todopoderoso que creó el cielo y la tierra, hay esperanza para ti.

Acuérdate de Dios cuando tu hijo se haya descarriado o tu hija se haya quedado por el camino. Acuérdate de Dios cuando tu negocio haya fracasado. Acuérdate de Dios cuando el doctor te diga que no puedes vivir. Acuérdate de Dios cuando la situación parezca insalvable. Jonás dijo: «Me acordé del Señor».

Entonces considera Jonás 2.9: «Yo, en cambio, te ofreceré sacrificios y cánticos de gratitud». ¿Qué hizo Jonás entre el lunes y el sábado mientras se encontraba en aquel pez? Ofreció sacrificios de acción de gracias y alabanza.

¿Te encuentras hoy en el vientre de un pez? ¿Sientes que el sábado no llegará jamás? ¿Vas a clamar, suplicar y dudar de Dios? ¿O vas a sentarte y decir: «Sr. Pez, puede que parezca que me ha tragado para siempre, pero me he acordado del Dios Eterno. Tengo Su Palabra. La salvación viene del Señor. Sé que Él va a sacarme de esta situación. Me veo fuera de ella. Le ofreceré al Señor el sacrificio de la gratitud y la alabanza. Te alabo, Señor, porque estoy saliendo de esta terrible situación».

No importa lo difícil que sea la situación, la acción de gracias y la alabanza tocan el corazón de Dios. Todo lo que Dios tiene que hacer es hablar con tu pez e inmediatamente te vomitará. En el caso de Jonás, él salió a tierra seca, ¡corriendo y predicando!

Si Jonás pudo alabar a Dios desde el interior de un pez, ¿no puedes tú alabarle en medio del malestar físico? ¿No puedes alabar a Dios a pesar de ver peces por doquier? ¿No puedes alzar tus ojos hacia el rostro de Dios y simplemente alabarle con gozo porque ya ves a tu hijo sirviendo a Dios, tu casa llena de paz y amor y las circunstancias de tu negocio resueltas?

La alabanza es el secreto para que un hombre de fe desarrolle una confianza inquebrantable en Dios.

La resistencia a tu fe seguro que llegará

Ten presente que el enemigo tratará de zarandear tu fe en Dios. Déjame que comparta contigo un incidente de mi propia vida que ilustra esta verdad.

Cada año, el día de Acción de Gracias, solíamos tener una convención en la iglesia de Lakewood durante la cual servíamos comida a la gente. Un año decidí que iba a orar para que Dios nos diera el dinero para comprar dos cabezas de ganado o para que alguien nos regalara dos cabezas de ganado para alimentar a todos los misioneros que venían de visita. Me alcé al frente de nuestra congregación y les pedí que orasen conmigo.

Pero el sábado no llegaba lo suficientemente pronto. Esperé y esperé mientras la convención se acercaba, pero no había ganado, ni tan siquiera una vaca. Un día empecé a pensar: *No vas a conseguir esas reses. Tienes el dinero en el banco para comprar esas dos vacas, así que no vale la pena preocuparse por esto.*

Me zarandeé a mí mismo y dije: «Creo que Dios nos ha suministrado el ganado». Pero lo cierto es que cada vez me sentía más y más débil.

Unos días después oí una voz que me decía: «¿Por qué pasar por todo esto? Tienes el dinero, y estás ocupado predicando y enseñando. No tienes tiempo para complicarte tratando de tener fe para dos vacas. Cómpralas y punto».

Eso tenía sentido. Así que me tranquilicé y decidí ir a comprar la carne, y a nadie le importaría. Puedo recordar el minuto exacto en que dejé de creer en Dios por las vacas. Algo en mi espíritu se fue. Lo dejé marchar yo. Me di por vencido y perdí mi confianza. No perdí la confianza en una doctrina o una escritura, sino en una Persona.

Compré la carne, tuvimos una gran convención y pensé que me había salido con la mía. Sin embargo, unos días más tarde Dios me visitó en sueños por la noche. En aquella visita, me llevó por un camino rural solitario donde vi las serpientes más grandes que he visto en mi vida. Parecían medir de doce a quince metros. El Señor me hizo andar cerca de ellas y observarlas. A medida que me aproximaba, me di cuenta de que dos de ellas tenían un bulto con el perfil inconfundible de una vaca: la cabeza, las paletillas, el lomo y el hueso de la cadera. Había una vaca en el interior de ambas serpientes. Entonces el Señor me dijo: «¡Quiero que sepas que dejaste que el diablo se tragara tus vacas!».

Aprendí una valiosa lección de aquella experiencia. Este principio de la fe en Dios te proporcionará el lunes o el viernes el mismo gozo que tendrás el sábado. ¿Por qué? Porque la respuesta de Dios es tuya desde el mismo momento en que oras y crees que la recibes. ¡Es tuya, y puedes descansar en ese hecho!

Todos los días debes alabar a Dios por lo que te ha prometido. Si tienes una necesidad física, incluso si los síntomas rugen en tu cuerpo, no pongas tu atención en ellos. Cuando Pedro estaba caminando sobre el agua, sus ojos estaban puestos en Jesús (Mateo 14.29–30). ¿Sabías que las olas eran igual de altas y el viento tenía la misma intensidad cuando andaba que cuando se hundió? Caminaba porque no miraba las olas, miraba a Jesús. Pero cuando puso su atención en las olas y en el viento, se hundió.

Jesús es la Palabra de Dios. Él es la Palabra Viva. No importa lo alto que lleguen las olas o lo fuerte que sople el viento, no pongas tu atención en ellos. ¡Tú sigue caminando hacia Jesús!

Cada contrariedad que venga por ti, ya sea financiera, mental, emocional, moral, marital, física o de cualquier tipo, que trate de hacerte dudar de la Palabra de Dios, debería servirte de señal de que necesitas seguir mirando a Jesús. Mantén tus ojos en la Palabra de Dios.

Recuerda: ¡el sábado se acerca!

¿Cómo actuarías hoy si tuvieras lo que estás creyendo? ¿Qué pasaría si realmente vieras y tocaras su manifestación? ¿Cómo de feliz serías?

¡Así es como deberías sentirte y actuar ahora mismo! A medida que alabas a Dios, el miedo y la ansiedad se alejarán de tu vida. Puede que sea el lunes cuando tu Padre celestial diga que va a suplir todas tus necesidades y te dé lo que tu corazón anhela. Puede que no sea este sábado, sino el sábado siguiente. Todo lo que tienes que hacer es pasar tiempo alabando a Dios. Afirma en tu corazón cuál es tu deseo específico. Entonces imagínate a ti mismo consiguiéndolo, libera tu fe y empieza a alabar a Dios.

Cuando alabas a Dios y te gozas y descansas en Su presencia, la enfermedad se aparta, los demonios huyen y el enemigo es derrotado. No pienses en ello como una carga, ¡sino aprende que es fe en acción!

Así es como empiezas a ejercitar tu fe por medio de la alabanza y tus palabras de alabanza. ¡El sábado llegará!

Reflexión de
JOEL

La vida trata de cómo decides ver las cosas. *Puedes quejarte de tu jefe o puedes darle las gracias a Dios por tu trabajo. Puedes quejarte de tener que cortar el césped o puedes agradecerle a Dios el tener un jardín. Puedes quejarte por el precio de la gasolina o darle las gracias a Dios porque tienes un vehículo.*

Hace años yo iba conduciendo en medio de una tormenta torrencial. Perdí el control del coche y me salí de la autopista, choqué contra el guardarraíl y casi fui arrollado por un enorme tráiler. Asombrosamente, salí de aquel accidente sin un rasguño, aunque mi coche quedó destrozado. Un amigo pensó que estaría disgustado por lo del coche, pero yo estaba agradecido por estar vivo. Decidí que la alabanza a Dios estaría de continuo en mi boca (Salmo 34.1).

CAPÍTULO SIETE

Un hombre *de* fe sigue adelante cuando solo hay *una* pequeña evidencia

Después de que el siervo del profeta Elías hubiera hecho seis viajes a la cima de la montaña buscando una nube, «la séptima vez el criado le informó: "Desde el mar viene subiendo una nube. Es tan pequeña como una mano"» (1 Reyes 18.44). El criado echó un vistazo hacia el mar y vio una nube minúscula, poco prometedora, pero corrió a decírselo a Elías.

Como se demuestra con Elías, la quinta cualidad de un hombre de fe inquebrantable es que sigue creyendo y esperando la victoria aunque la evidencia sea diminuta. Aún no ha llegado la respuesta entera. La necesidad no ha sido suplida al completo. Pero sigue creyendo.

Dirás: «Creo en mi curación. Me dolía todo y ahora tengo un poco de alivio. Pero es muy poco». O «Estoy creyendo para cubrir una necesidad financiera. He podido pagar una factura, pero tengo un centenar más. Es muy poco».

La fe sigue adelante cuando solo hay una pequeña nube en el horizonte: no un gran nubarrón, sino una pequeña nube blanca del tamaño de la mano de un hombre.

Hubo muchas veces en que mi esposa, Dodie, no veía nada mientras luchaba su batalla contra el cáncer. En 1981 le diagnosticaron la metástasis de un cáncer de hígado y le dieron solo unas pocas semanas de vida. Los doctores dijeron que no había nada que hacer, pero ella sabía lo que Dios había prometido en Su Palabra. La sostuvo ante Él y le recordó que por sus heridas ella era sanada (1 Pedro 2.24). Siguió orando y creyendo en su completa curación incluso cuando el dolor atenazaba su cuerpo y no había ninguna señal de que fuera a sanar.

Hubo muchas ocasiones en que tuvo que decir: «Ve otra vez. Ve otra vez. Mira una vez más». Y entonces obtenía un poco de alivio... solo un poco. Así que hizo una lista de todos los síntomas que ella creía que dejarían su cuerpo. Continuó hablando la Palabra de Dios a la vista de los síntomas y comenzó a comprobarlos y marcarlos uno por uno. Al principio eran muy pocos, pero siguió adelante. Y hoy, ¡está completamente curada!

La extraordinaria historia de la curación de Dodie está narrada en su libro *Sanada de cáncer*. Si no ves nada, si solo ves un poco, sigue adelante como ella hizo. Resiste. Ora con fervor. Acuérdate de Dios. No te rindas y no dejes que Satanás te robe lo que te pertenece.

Ven a Jesús

Me encanta la historia de Jesús y el leproso que se encuentra en Mateo 8.1–3. «Cuando Jesús bajó de la ladera de la montaña, lo siguieron grandes multitudes. Un hombre que tenía lepra se le acercó y se arrodilló delante de él. "Señor, si quieres, puedes limpiarme", le dijo. Jesús extendió la mano y tocó al hombre. "Sí quiero", le dijo. "¡Queda limpio!". Y al instante quedó sano de la lepra».

Estoy convencido de que Jesús no amaba a ese leproso más de lo que nos ama a ti o a mí. Él es el *mismo Jesús hoy* que el del día en que aquel leproso fue sanado. La mayoría de los que leemos esta historia queremos lo que aquel hombre recibió de Jesús, pero no lo recibimos porque solo *pensamos* que hemos hecho lo que él hizo.

Como hombres de fe, esta es la gran lección que aprendemos del leproso: *él vino a Jesús.*

El leproso reconoció que *Jesús es el Sanador.* No puedes obtener sanidad sin el Sanador; ni beneficios sin el Benefactor; ni bendiciones sin Aquel que bendice. ¡No puedes separar el regalo del Dador! Solo Dios puede sanar, y el secreto es venir a Jesús. Él rebosa compasión y misericordia. Cargó tus pecados y enfermedades en la cruz (Mateo 8.17).

No atranques la puerta de tu corazón contra Jesús. Déjale entrar.

Si mandas buscar a un médico y le dejas a las puertas de tu casa pero rehúsas dejarle entrar en la habitación donde está el paciente, puede hacer muy poco. Nuestro corazón tiene muchas habitaciones. Algunas están cerradas a cal y canto por los malos recuerdos, pecados no confesados, amargura y otras cosas. Abre de par en par todas las puertas a Jesús. *Él no puede hacerte ningún bien hasta que le dejes entrar donde está el problema.*

En mi propia vida recibí a Jesús como mi Salvador, me formé para el ministerio y prediqué durante muchos años; sin embargo, tenía una seria afección en mi estómago: úlceras. ¿Por qué no fui sanado? Había recibido a Jesús en mi puerta delantera, pero había muchas habitaciones cuya entrada le prohibía.

Yo creía que los días de curaciones y milagros habían terminado.

No sabía si creía en los demonios o no, pero estaba seguro de que quedaba por debajo de mi dignidad como predicador ser sorprendido expulsando demonios.

Me avergonzaba estar con gente que siempre levantaba las manos y alababa al Señor. ¡Y sentía que aquellos que hablaban en lenguas eran personas emocionales que carecían de un mínimo de mentalidad!

Más tarde, cuando fui bautizado con el Espíritu Santo y hablé en lenguas, saqué el cerrojo de todas la puertas y las abrí de par en par para que Jesús pudiera tener libre acceso a *todo mi corazón*, y Él vino con toda Su plenitud. Cuando el Sanador viene, hay sanidad. No recuerdo cuándo fui curado, ¡pero de repente descubrí que ya no tenía úlceras! Han pasado los años y sigo sano.

El leproso hizo más que venir a Jesús. *Se acercó a Jesús con humildad.* Vino suplicándole, adorándole y postrándose sobre su rosto ante Él. Yo me humillé y caí delante del Señor. Elevé mis manos y mi corazón en adoración y alabanza a Su santo nombre, y la sanidad llegó. «¡Que todo lo que respira alabe al Señor! ¡Aleluya! ¡Alabado sea el Señor!» (Salmo 150.6).

Resuelve todas las dudas sobre la voluntad de Dios

El leproso permitió que Jesús *resolviera todas las dudas* sobre la voluntad de Dios.

Puedo imaginarme a este hombre reunido con otros leprosos. Hablan sobre este gran hombre que es Jesús. Uno dice: «Pero no es la voluntad de Dios sanar a personas como nosotros. Nosotros sufrimos por la gloria de Dios. Es un escarmiento». Otro dice: «¿Cómo podría ser esa la voluntad de Dios? Esto parece más la voluntad del *odio* que la voluntad del *amor*». Volviéndose hacia el hombre que vino a Jesús, me imagino que le preguntarían lo siguiente: «¿Y tú qué piensas?». Él responde: «No lo sé, pero creo que es Su voluntad. Espero que sea Su voluntad. Creo que iré a preguntárselo para averiguarlo».

Cuando llega a Jesús, dice: «Señor, si quieres (si es tu voluntad), puedes limpiarme».

Jesús no se demoró mucho en resolver el problema. Él dijo: «¡Sí quiero!». Este fue el único hombre que inquirió la voluntad de Dios respecto a la curación, y Jesús le resolvió las dudas: *¡es Su voluntad sanarte!*

Cuando nació nuestra primera hija, tenía signos de daño cerebral. En base a sus síntomas (carecía de reflejo de succión y tono muscular, tenía dificultad para deglutir y no podía levantar brazos, piernas ni cabeza) los doctores dijeron que Lisa tenía algo similar a la parálisis cerebral. Pudimos ver con nuestros propios ojos que algo no funcionaba realmente bien en ella.

Hasta aquel momento yo había adoptado la típica actitud de los cristianos acerca de la sanación. Yo oraba: «Si es tu voluntad...». No recuerdo que sucediera gran cosa como resultado de dicha oración. Pero ahora teníamos que descubrir cuál era la voluntad de Dios.

¡Yo quería saber lo que Jesús haría por *mi bebé*! Quería conocer la voluntad de Dios.

Si quería lo que consiguió el leproso, tenía que hacer lo que él hizo. Tenía que resolver el asunto de la voluntad de Dios.

Así que me encerré en mi biblioteca. Estaba llena de libros que contaban cómo los milagros habían pasado de largo. Yo no quería argumentos *en contra* de la voluntad de Dios para sanar. Yo quería toda la ayuda que pudiera conseguir. Alcé mi rostro hacia Dios, decidido a encontrar la verdad de Su Palabra. Y gloria a Dios, ¡la encontré!

Descubrí que la enfermedad no provenía de Dios. Satanás es el que viene a robar, matar y destruir.

Cuando Dios creó a Adán y Eva, los creó sin ceguera, sin sordera y sin órganos enfermos. Si Él lo hubiese querido y deseado de otro modo, habría creado a Adán y Eva así.

Fue Satanás el que provocó la enfermedad de Job. «Dicho esto, Satanás se retiró de la presencia del Señor para afligir a Job con dolorosas llagas desde la planta del pie hasta la coronilla» (Job 2.7).

Jesús dijo que Satanás había atado a la mujer con un espíritu de enfermedad, y ella estaba encorvada y no podía enderezarse (Lucas 13.11–16).

En Mateo 12.22 la Biblia declara que la ceguera del hombre fue causada por el demonio.

En Marcos 9.17–27 leemos la historia de un chico que tenía convulsiones y era sordomudo. Jesús dijo que todo aquello lo provocaba un espíritu maligno y lo echó fuera.

Jesús sanó a muchas personas durante Su ministerio en la tierra. La Biblia nos dice que todas ellas estaban oprimidas por el diablo. Satanás era la causa de sus enfermedades. «Me refiero a Jesús de Nazaret: cómo lo ungió Dios con el Espíritu Santo y con poder, y cómo anduvo haciendo el bien y sanando a todos los que estaban oprimidos por el diablo, porque Dios estaba con él» (Hechos 10.38).

Esto resolvió algo en mi mente. Dios no había afligido a nuestro bebé. Este problema provenía de Satanás. No era algo que hubiera que mimar como un regalo de Dios. Era algo que había que rechazar y contra lo que había que luchar.

Nunca jamás reprenderás a tu enfermedad mientras sigas pensando que Dios la envió. ¡Debes saber que *Dios te quiere sano*!

El que sana todas tus enfermedades

El Dios trino es una *Trinidad de Sanidad*. Dios es Sanador. «Yo soy el Señor, que les devuelve la salud» (Éxodo 15.26). Él no cambia: «Yo, el Señor, no cambio» (Malaquías 3.6).

El Señor Jesús es Sanador. Los cuatro evangelios registran Sus asombrosos hechos, y Hebreos 13.8 dice que Él es el mismo ayer, hoy y por siempre.

El Espíritu Santo es Sanador. «Y si el Espíritu de aquel que levantó a Jesús de entre los muertos vive en ustedes, el mismo que levantó a Cristo de entre los muertos también dará vida a sus cuerpos mortales por medio de su Espíritu, que vive en ustedes» (Romanos 8.11).

Sí, es la voluntad de Dios sanarte. Jesús dijo: «Porque he bajado del cielo no para hacer mi voluntad sino la del que me envió» (Juan 6.38). Mírale mientras abre los ojos ciegos y los oídos sordos, hace que los paralíticos salten de alegría y sana multitudes enfermas. ¿Qué está haciendo?

¡Está haciendo la voluntad de Dios!

Si la enfermedad viene de Dios, entonces Jesús luchó contra Su Padre sanando esa enfermedad. Jesús dijo: «El que me ha visto a mí, ha visto al Padre» (Juan 14.9). Jesús quería mostrarte cuál es la voluntad de Dios acerca de la enfermedad: *Él los sanó a todos.* ¿Podría quedar más claro? Dios es siempre veraz, aunque el hombre sea mentiroso.

Santiago 5.14–16 da instrucciones acerca de cómo ministrar la enfermedad. «¿Está enfermo *alguno* de ustedes? Haga llamar a los ancianos de la iglesia». Si no fuera la voluntad de Dios sanarlos a todos, ¿cómo podría decir *alguno de ustedes*? Es la voluntad de Dios, así que *cualquier* persona que está enferma puede esperar la curación.

Investigando un poco más sobre el tema, leí los Salmos. Vi a David tomar su arpa y empezar a cantar: «Alaba, alma mía, al Señor,?y no olvides ninguno de sus beneficios. Él perdona todos tus pecados y sana todas tus dolencias» (Salmo 103.2–3).

Yo siempre había creído que Jesús murió por mis pecados, pero descubrí que Él también murió por mis enfermedades. Mateo 8.17 declara: «Él cargó con nuestras enfermedades y soportó nuestros dolores». ¡Alabado sea el nombre del Señor!

Al igual que ocurrió con el leproso, yo también había resuelto la cuestión. Presentamos a nuestro bebé enfermo a Dios *sabiendo* que era Su voluntad sanarlo. Ya no vacilábamos al respecto. Hicimos lo que hizo el leproso y recibimos lo que él recibió del Señor: ¡sanidad para nuestra hija! Hoy el doctor sabe que Dios realizó un milagro en nuestra hija y la sanó completamente. Ella se graduó en la universidad y en la actualidad es una ministra del evangelio.

Enfrenta los hechos

¡Deja de abrazar tu enfermedad como si fuera un regalo de Dios! «La actitud de ustedes debe ser como la de Cristo Jesús» (Filipenses 2.5). ¡Cristo murió por tus enfermedades! ¡Eres libre! ¡Satanás no tiene ningún derecho legal para afligir tu cuerpo! ¡La puerta de la prisión está abierta! ¡Sal fuera en el nombre de Jesús!

Vamos a enfrentar los hechos. Si la enfermedad es la voluntad de Dios, entonces los médicos son infractores, las enfermeras desafían al Todopoderoso y los hospitales son casas de rebelión en vez de casas de misericordia. En lugar de apoyar a los hospitales, ¿no deberíamos hacer todo lo posible para cerrarlos?

Si no es la voluntad de Dios, ¿por qué Jesús les ordenó a los discípulos curar a los enfermos?

Si no es la voluntad de Dios, ¿por qué Jesús dijo: «Estas señales acompañarán a los que crean: [...] pondrán las manos sobre los enfermos, y estos recobrarán la salud» (Marcos 16.17–18)?

Si no es la voluntad de Dios, Jesús no debería haber dicho: «Crean que ya han recibido todo lo que estén pidiendo en oración, y lo obtendrán» (Marcos 11.24).

Si no es la voluntad de Dios sanar, no deberíamos buscar la sanidad por ningún medio... natural o sobrenatural. «Toda buena dádiva y todo don perfecto descienden de lo alto, donde está el Padre que creó las lumbreras celestes, y que no cambia como los astros ni se mueve como las sombras» (Santiago 1.17).

Si no es la voluntad de Dios sanar, entonces Jesús violó la voluntad de Su Padre, porque Él curaba gente allí donde iba.

Alabado sea el Señor; sabemos por la Palabra que es la voluntad de Dios sanar a *todos* los enfermos, lo que te incluye a *ti*. Y sabemos que nosotros deberíamos hacer todo lo que esté en nuestra mano para ponernos bien. Debemos cuidar nuestros cuerpos y buscar ayuda médica. Nuestro hijo mayor, Paul, es cirujano, y una vez me dijo: «Papá, nosotros los médicos podemos tratar a la gente, pero solo Dios puede sanarlos».

Cualquiera que sea la promesa de la Palabra de Dios por la que estás confiando en Dios, no obtendrás lo que consiguió el leproso hasta que hagas lo que él hizo. Afirma esto en tu corazón. «Es la voluntad de Dios para mí».

Cuando el Sanador viene,

hay sanidad.

Reflexión de
JOEL

Durante los últimos años de la década de los 50, mi padre era el exitoso pastor de una gran congregación que acababa de construir un nuevo santuario. Pero más o menos en la misma época, mi hermana Lisa nació con una lesión de nacimiento, algo similar a una parálisis cerebral. Aquella fue una de las horas más oscuras en la vida de mis padres. Ellos buscaron en las Escrituras y sus ojos se abrieron al mensaje de la sanidad. Sin embargo, la idea de un Dios que realizara milagros en la edad contemporánea no fue bien recibida en la iglesia, y con el tiempo mi afligido padre dejó aquella iglesia y tuvo que empezar de cero con noventa personas en un almacén de comida abandonado.

En aquel tiempo oscuro, papá siguió haciendo lo que él sabía que era correcto. Dios le estaba preparando para cosas mayores.

CAPÍTULO OCHO

UN HOMBRE *DE* FE CREE *EN LO* GRANDE CUANDO VE *LO* PEQUEÑO

D espués de que el siervo de Elías le comunicase que había una pequeña nube en el horizonte, este le dijo a su criado: «Ve y dile a Acab: "Engancha el carro y vete antes de que la lluvia te detenga"» (1 Reyes 18.44).

Puede que la nube que se veía sobre el mar fuera pequeña, pero Elías sabía que era el comienzo de una gran tormenta. Él vio lo pequeño, pero creyó en algo mayor. Le envió un mensaje a Acab: «Esa pequeña nube tiene el tamaño de la mano de un hombre, pero te aseguro que es la señal de que Dios se está moviendo. Sería mejor que te apresurases a resguardarte de la lluvia».

Tu primer signo de alivio puede parecer minúsculo, pero sigue afirmando lo que Dios dice acerca de tu situación. Ante el primer indicio de victoria no te detengas, retrocedas o te retires. Es un síntoma de que la batalla ha cambiado de dirección y el enemigo está huyendo. Es el momento de proclamar audazmente que no serás negado. Tendrás todo lo que Dios te ha prometido.

Como Elías demostró, la sexta cualidad de un hombre de fe inquebrantable es que cree en lo grande cuando ve lo pequeño.

La fe es actuar en base a la Palabra

Hay un interesante relato en Mateo 9.1–8 sobre la curación del hombre paralítico. Los escribas estaban atados a su tradición religiosa por la que nadie excepto Dios podía perdonar o, en este caso, sanar. Su falta de fe les impedía creer en la Palabra de Dios para salvación y sanidad. Pero en el texto leemos que el hombre paralítico oyó las palabras de Jesús, creyó en Su Palabra y recibió su sanidad.

«Subió Jesús a una barca, cruzó al otro lado y llegó a su propio pueblo. Unos hombres le llevaron un paralítico, acostado en una camilla. Al ver Jesús la fe de ellos, le dijo al paralítico: "¡Ánimo, hijo; tus pecados quedan perdonados!". Algunos de los maestros de la ley murmuraron entre ellos: "¡Este hombre blasfema!". Como Jesús conocía sus pensamientos, les dijo: "¿Por qué dan lugar a tan malos pensamientos? ¿Qué es más fácil, decir: 'Tus pecados quedan perdonados' o decir 'Levántate y anda'? Pues para que sepan que el Hijo del hombre tiene autoridad en la tierra para perdonar pecados —se dirigió entonces al paralítico—: Levántate, toma tu camilla y vete a tu casa". Y el hombre se levantó y se fue a su casa. Al ver esto, la multitud se llenó de temor, y glorificó a Dios por haber dado tal autoridad a los mortales».

Cuando los escribas pensaron que la oferta de perdón de los pecados de Jesús era una blasfemia, su fe se paralizó. ¿Pero qué hizo el hombre paralítico? *Actuó* en base a la Palabra de Dios. Jesús le dijo que *hiciera* lo que antes no podía hacer, ¡y lo hizo!

En Lucas 5, cuando Jesús le ordenó a Pedro que echara las redes para pescar, Pedro dudó. Informó a Jesús de que había estado pescando en aquellas aguas toda la noche y no había conseguido nada. Pedro era un experto pescador. Parecía inútil intentarlo de nuevo, pero hizo una maravillosa declaración de fe: «*mas en Tu Palabra echaré la red*» (Lucas 5.5 RV60). Cuando actuó en base a la palabra de Jesús, obtuvo resultados.

Me doy cuenta de que la gente te ha desanimado y que los expertos han emitido sus veredictos. A la vista de todo esto, ¿vas tú a decir «mas en base a Tu Palabra actuaré»?

La fe es un acto. Creer en la Palabra es actuar en base a la Palabra. La fe sin obras está muerta (Santiago 2.20). Hay una traducción que dice: «La fe sin la acción correspondiente está muerta». No es suficiente hablar acerca de tu fe. Decir que crees y no actuar como si creyeses muestra que tienes una fe muerta.

La Biblia dice: «Al ver Jesús la fe de ellos...» (Marcos 2.5). La fe es algo visible. Si sustituyes la expresión *actuar en base a la Palabra* por *creer*, lo entenderás mejor.

«Estas señales acompañarán a los que crean [*actúen en base a Mi Palabra*]» (Marcos 16.17). «Ciertamente les aseguro que el que cree en mí [*actúa en base a Mi Palabra*] las obras que yo hago también él las hará, y aun las hará *mayores*, porque yo vuelvo al Padre» (Juan 14.12). «Para el que cree [*actúa en base a Mi Palabra*], todo es posible» (Marcos 9.23).

Digámoslo así: ¡*el que actúa en base a la Palabra obtiene resultados!* Esto está expresado en tiempo presente. Cuando actúas en base a la Palabra, *obtienes* todo lo que deseas de Dios. La esperanza siempre está en el futuro. Actuar en base a la Palabra hace que suceda *ahora*.

LA FE ES ACTUAR COMO SI DIOS TE DIJERA LA VERDAD

Los grandes hombres y mujeres del Antiguo Testamento nunca le dieron demasiadas vueltas al tema de la fe. Sin embargo, Hebreos 11 se refiere a ellos como poderosos ejemplos de fe. Aquellos hombres y mujeres no se preocuparon o inquietaron por cómo tener fe. *¡Simplemente oyeron hablar a Dios y actuaron como si Él les dijera la verdad!*

¿Cómo sé que Noé creyó? Porque empezó a actuar como si Dios le dijese la verdad. ¡Comenzó a construir el arca (Génesis 6)! Josué demostró su fe marchando alrededor de los muros de Jericó (Josué 6). El rey Josafat y su ejército mostraron su fe empezando a cantar y a gritar con alegría (2 Crónicas 20). Todos ellos actuaron como si Dios les dijese la verdad.

¿Cómo sé que el hombre paralítico creyó? Porque cuando oyó a Jesús decir «Levántate», actuó como si pudiera hacerlo, ¡y descubrió que estaba curado!

Yo vi la demostración de esta maravillosa verdad en el auditorio de la ciudad de Tulsa, Oklahoma. Estaba predicando acerca de la curación y la fe se fortalecía en los corazones de los asistentes. A medida que escuchaban la Palabra de Dios empezaron a comprender. De repente, les desafié a hacer lo que antes no podían hacer, en ese preciso momento, ¡en el nombre de Jesús! Entre el público había una jovencita que tenía un pie deformado.

Ella aceptó el reto e intentó levantarse con normalidad sobre su extremidad lisiada. ¡Gloria a Dios por Su misericordia! *¡Descubrió que era absolutamente normal!*

En una iglesia de Houston, Texas, oré por una mujer mayor gravemente afectada por la artritis. Estaba encorvada y andaba renqueando con la ayuda de un bastón. No podía alzar las manos más arriba de su cintura. Cuando se puso de pie delante de mí, ¡le ordené a la enfermedad que la dejara en el nombre de Jesús! Se alejó cojeando sin ninguna señal de mejoría.

Tres días más tarde, mientras yo seguía con las reuniones, empezó a acercarse de nuevo al frente para que orásemos por ella. Le dije que no viniese, porque ya había sido sanada. Había sido liberada porque Dios prometió ser fiel a Su Palabra. Cuando se lo dije, se volvió y renqueó hasta su asiento.

Al cabo de unos minutos, el público comenzó a alborotarse. Miré y vi un bastón agitándose en el aire. La anciana había decidido actuar como si estuviera curada. Empezó a correr arriba y abajo del pasillo y alrededor de la iglesia con los brazos alzados. *Cuando ella actuó, Dios mantuvo Su Palabra y fue curada.*

En una de nuestras campañas locales, un pastor y yo visitamos una casa para orar por una mujer que se había lesionado la espalda. Había perdido el sentido del equilibrio y no podía mantenerse en pie o caminar sin caerse. Estaba tumbada de espaldas en la cama, y cada vez que abría los ojos decía que la habitación giraba en círculos. Llevaba así diez semanas.

Basándonos en Santiago 5.14–15, la ungimos con aceite y le ordenamos al espíritu de enfermedad que la dejase. Dijimos:

«Sé sana en el nombre de Jesús». Después de haberle impuesto las manos, esperábamos que se recuperase. Yo le pregunté si pensaba que Dios haría lo que había dicho, y ella contestó que sí. Entonces le dije que la gente que había sido curada no tenía por qué estar en la cama. Le dije: «¡Levántate y anda en el nombre de Jesús!». Me miró con aire burlón, pero se dio cuenta de que yo hablaba en serio. Se incorporó con la determinación de actuar como si Dios le dijese la verdad. Trastabilló un poco, pero después comenzó a caminar con normalidad. Cuando ella *actuó*, fue sanada.

En decenas de cientos de casos hemos visto intervenir al maravilloso poder de Dios cuando la gente *actuó por fe*. He visto curarse toda clase de enfermedades y dolencias cuando la gente actuó en base a la Palabra de Dios.

ATRÉVETE A HACER LO IMPOSIBLE

¡Atrévete a hacer lo imposible! ¡Atrévete a creer la Palabra de Dios y a hacer lo que las circunstancias dicen que no puedes hacer!

Leí la historia de un perro que no dejaba de perseguir coches, así que su propietario lo encadenó a un árbol. Cuando el perro fue corriendo detrás del siguiente vehículo, recibió un fuerte tirón en la cabeza, y tras varios dolorosos intentos más, se dio por vencido. Entonces se limitó a caminar hasta el final de la cadena y detenerse. Era infeliz, pero sabía que era imposible dar un paso más.

Un día su dueño decidió que el perro ya había aprendido la lección y desabrochó la cadena del collar. El perro, sin embargo, siguió caminando hasta sus antiguos límites, sentándose y anhelando la libertad. Poco se imaginaba que todo lo que tenía que hacer era dar un paso más allá de donde sentía que estaba su límite ¡y descubrir su liberación!

Liberado, pero no libre. Rescatado, pero sin gozo.

Muchos de nosotros estamos así. Durante años hemos sufrido enfermedades, miedos y limitaciones. Experiencias amargas, que nada tienen que ver con el poder de Dios, nos han convencido de que no podemos hacer más.

Pero ahora has oído el evangelio y conoces las buenas nuevas. Tu Señor vino del cielo para liberar a los oprimidos. Vino para rescatar a los cautivos. «Y conocerán la verdad, y la verdad los hará libres» (Juan 8.32). ¡Él rompió el poder de Satanás!

Sus palabras de vida hoy son: «Levántate, toma tu lecho y anda». «¡Sé curado!». «Mujer, ¡estás sanada de tu enfermedad!».

Pero miles se sientan con cara de tristeza, anhelando la liberación, cuando todo lo que tienen que hacer es dar un paso que parece imposible ¡y descubrir que con Dios todas las cosas son posibles!

¡Eres libre! Lo descubrirás cuando actúes como si Dios te dijese la verdad.

Como hombre de fe, empieza ahora a poner tu fe en acción. No vas a tambalearte. No vas a fracasar. Aquel que actúa en base a la Palabra de Dios tiene su milagro.

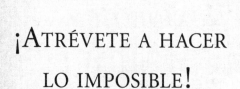

¡ATRÉVETE A HACER
LO IMPOSIBLE!

¡Atrévete a creer la Palabra de Dios
y a hacer lo que las circunstancias
dicen que no puedes hacer!

Reflexión de
JOEL

*D*emasiadas personas vi-
ven hoy en día con una mentalidad de víc-
tima. Están tan concentradas en lo que han
pasado, quejándose por lo injusto que fue, que
no se dan cuenta de que están arrastrando
el dolor del pasado hacia el presente. Es casi
como si se levantasen cada día y llenasen una
gran carretilla con basura del pasado y la tra-
jesen al nuevo día.

¡Suelta ese lastre! Tu pasado no tiene que
envenenar tu futuro. El hecho de que hayas
sufrido daño o dolor, o que quizá alguno o
más de uno de tus sueños se hayan hecho añi-
cos, no significa que Dios no tenga otro plan.
Dios aún tiene un brillante futuro reservado
para ti.

CAPÍTULO NUEVE

Un hombre *de* fe empieza sin nada, *pero* acaba haciendo grandes cosas

Si avanzamos un poco más en la historia del profeta Elías y su siervo sobre la que hemos estado reflexionando, después de todo lo que pasaron «las nubes fueron oscureciendo el cielo; luego se levantó el viento y se desató una fuerte lluvia. Pero Acab se fue en su carro hacia Jezrel. Entonces el poder del Señor vino sobre Elías, quien ajustándose el manto con el cinturón, echó a correr y llegó a Jezrel antes que Acab» (1 Reyes 18.45–46).

Como Elías demostró, la séptima cualidad de un hombre de fe inquebrantable es que puede que empiece sin nada, pero terminará con la mano de Dios sobre él, capacitándole para realizar grandes hazañas a causa de lo que ha visto que Dios hacía en la hora de su prueba de fe.

Elías nunca se rindió. Empezó sin nada y siguió orando y creyendo hasta que vio la nube del tamaño de una mano. Continuó creyendo hasta que llegó la lluvia, y entonces la Biblia declara que la mano de Dios vino sobre él y corrió a través del valle de Jezrel. ¡Dejó atrás a los caballos de Acab! Elías experimentó la victoria porque aguantó la prueba de fe. No se dio por vencido.

¿Te has sentido tentado a abandonar? Quiero decirte que tienes días buenos por delante. Te veo corriendo con la mano de Dios sobre ti. Te veo caminando en victoria en tu vida espiritual.

¡Sigue luchando! Cree en la Palabra de Dios. No te rindas, porque la victoria está justo enfrente de ti.

La fe que maravilla a Jesús

Uno de los mayores hombres de fe en la Biblia fue el centurión romano que vino a Jesús para pedir la curación de su siervo. Si haces lo que él hizo por fe, recibirás lo que necesites de Dios.

«Al entrar Jesús en Capernaúm se le acercó un centurión pidiendo ayuda. "Señor, mi siervo está postrado en casa con parálisis, y sufre terriblemente". "Iré a sanarlo", respondió Jesús. "Señor, no merezco que entres bajo mi techo. *Pero basta con que digas una sola palabra, y mi siervo quedará sano.* Porque yo mismo soy un hombre sujeto a órdenes superiores, y además tengo soldados bajo mi autoridad. Le digo a uno 'Ve' y va, y al otro 'Ven' y viene. Le digo a mi siervo 'Haz esto' y lo hace". Al oír esto, Jesús se asombró y dijo a quienes lo seguían: "Les aseguro que no he encontrado en Israel a nadie que tenga tanta fe. Les digo que muchos vendrán del oriente y del occidente, y participarán en el banquete con Abraham, Isaac y Jacob en el reino de los cielos. Pero a los súbditos del reino se les echará afuera, a la oscuridad, donde habrá llanto y rechinar de dientes. Luego Jesús le dijo al centurión: *"¡Ve! Todo se hará tal como creíste". Y en esa misma hora aquel siervo quedó sano*» (Mateo 8.5–13).

¿Qué hizo el centurión para maravillar a Jesús? Dijo: *«Pero basta con que digas una sola palabra, y mi siervo quedará sano».*

En otras palabras, dijo: «No necesito la presencia física de Jesús. Todo lo que necesito es Su Palabra hablada. Si tengo Su Palabra hablada, la creeré vea o no a Jesús». Jesús respondió declarando que no había encontrado una fe tan grande ¡en todo Israel!

La fe es actuar en base a la Palabra hablada del Señor.

Nosotros tenemos la Palabra hablada: *la Biblia*. El centurión estaba dispuesto a tomarse las *palabras* de Jesús al pie de la letra. Tú recibirás lo que él hizo cuando estés dispuesto a hacer lo mismo.

De hecho, el centurión dijo: «Si Jesús dice que mi siervo está curado, eso me basta. ¡Está curado! ¡Ya no me preocupo más!».

Alguien cercano al centurión pudo haber señalado: «Pero... ¿qué pasa con los síntomas?». Puedo oírle riéndose de él con las palabras: «Todo eso no tiene importancia. Tengo la Palabra de Aquel que no puede mentir. ¡Mi siervo vivirá!».

Mucha gente admira la Palabra, la estudia y la defiende, pero estas personas no van a obedecerla como verdad.

En este caso, un hombre sobresalió por la fe en la Palabra hablada de Jesús. ¿Harás tú lo mismo? ¿Actuarás en base a la Palabra que Dios te ha dado?

¿Acaso la Palabra de Jesús no es suficiente? ¿Por qué estás preocupado? ¿Crees que Dios te ha mentido? ¿Piensas que Su Palabra no es buena? Enfrenta los hechos. ¡O Dios te mintió o te dijo la verdad!

El modo en que actúas revela lo que crees

Como mencioné anteriormente, cuando oramos por mi hija, que nació con una terrible enfermedad similar a la parálisis cerebral, no vimos ningún cambio en ella, pero le dimos *gracias* a Dios por sanarla. ¿Con qué fundamento? Desde luego no con nuestros cinco sentidos. Nuestros ojos nos decían lo contrario.

La única base que teníamos era la Palabra de Dios. ¡Dios mantuvo Su Palabra! *¡Él siempre lo hace!* «Porque yo estoy alerta para que se cumpla mi palabra» (Jeremías 1.12).

Cuando la viuda de Sarepta obedeció la palabra del Señor y preparó un panecillo para el profeta Elías, no tenía nada y se estaba preparando para reunir algunos leños, cocinar su última comida ¡y morir con su hijo! Basándose en la promesa de que «No se agotará la harina de la tinaja ni se acabará el aceite del jarro, hasta el día en que el Señor haga llover sobre la tierra» (1 Reyes 17.14), siguió adelante a pesar de las evidencias físicas y preparó su última comida para el hombre de Dios. Como resultado, durante la hambruna ella experimentó milagros de provisión.

Jesús dijo: «Crean que ya han recibido todo lo que estén pidiendo en oración, y lo obtendrán» (Marcos 11.24). Él dijo que hay que creerlo desde la oración... cuando aún puedes ver la hinchazón, sientes el miedo y la ansiedad y eres consciente de todos los síntomas. Cree en lo que Dios dijo aunque el conocimiento diga lo contrario y obtendrás las cosas por las que has orado.

Aún quedan señales de vida en un árbol justo después de que haya sido talado. Pero no nos preocupamos, porque sabemos que ha sido cortado y que todos estos indicios de vida desaparecerán a su tiempo. Cuando el Señor corta tu enfermedad, inseguridad o pobreza, están muertas. Algunos de los síntomas pueden persistir para tratar de convencerte de que eso todavía está vivo y que Dios ha fracasado, pero tú sabes la verdad. Confiesas la Palabra. ¡Dices lo que Dios dice! Los síntomas gritan que nada ha cambiado, pero permaneces con Dios. Confiesas lo que es verdadero. *Cuando oras,* crees que ya lo has recibido. Dios dijo que si crees en Su Palabra en vez de en otras cosas, ¡obtendrás tus peticiones! Cuando no tienes ningún otro fundamento para tu victoria excepto Su Palabra, ¡eso es *auténtica fe*! ¡Confiesa lo que Dios dice!

Quizá digas: «Si solo pudiera ver aunque fuera un pequeño cambio...». La fe es la evidencia de las cosas que *no se ven*. No puedes ver tu victoria con los ojos naturales, sino con los ojos espirituales de la fe. Esa prueba viene de Aquel que no puede mentir. Tienes la Palabra de Dios.

LO VISIBLE Y LO INVISIBLE

En Marcos 11.12–24 Jesús reprimió a una higuera, pero no sucedió nada de inmediato. Puedo imaginarme a Pedro y a Juan rezagarse del grupo para ver qué le sucedía al árbol. Mientras esperan, se van frustrando más y más. *No ha cambiado nada en el árbol.* Puedo oír a Pedro diciendo: «Juan, Jesús ha hecho muchos milagros, pero creo que esta vez ha fallado. No veo ningún cambio».

Al día siguiente, sin embargo, se sorprendieron de ver que la higuera se había marchitado desde la raíz (Marcos 11.20).

Hay dos partes en ese árbol: la *visible* y la *invisible*. Pedro podía ver la parte exterior del árbol, pero no podía ver el sistema de raíces, que es la fuente de la vida del árbol.

Aquí hay algo para recordar siempre. La Palabra de Dios, autoritaria, prevaleciente, poderosa y fulminante, tuvo su primer efecto en la esfera que Pedro no podía ver: la vida del árbol. Si Pedro hubiera podido ver lo que Jesús veía, hubiera sabido que en el instante en que Él habló ¡*las raíces se marchitaron y murieron*!

En el mundo que no puedes ver, Dios está trabajando. El apóstol Pablo dijo: «Pues los sufrimientos ligeros y efímeros que ahora padecemos producen una gloria eterna que vale muchísimo más que todo sufrimiento. Así que no nos fijamos en lo visible sino en lo invisible, ya que lo que se ve es pasajero, mientras que lo que no se ve es eterno» (2 Corintios 4.17–18). Como hizo el centurión, ¡agárrate a Jesús en su Palabra! ¡Cree que Él te dijo la verdad! ¡Actúa como si te hubiese dicho la verdad!

Cuando nuestro hijo Paul era pequeño, tenía verrugas por todo el cuerpo. Mi esposa, Dodie, intentó tratarlas por todos los medios que conocía para que se le fueran. Un día se lo ocurrió que podía orar para que fuese sanado. Puso sus manos sobre él y ordenó a las verrugas que desapareciesen en el nombre de Jesús. Ella sabía que la Palabra de Dios había hecho efecto en el reino invisible, aunque las verrugas aún estaban bien visibles. Las mirábamos día tras día, y a la vista de su presencia continua seguimos declarando: «Paul está curado en el nombre de Jesús». Nos alegramos y alabamos a Dios por su curación. Unas dos semanas después, nuestro hijo entró todo emocionado. Varias verrugas habían desaparecido. ¡Pronto todas se fueron!

Recibimos lo que obtuvo el centurión porque hicimos lo que él hizo: creímos y confesamos la Palabra de Dios.

La Biblia declara: «Hijo mío, atiende a mis consejos; escucha atentamente lo que digo. No pierdas de vista mis palabras; guárdalas muy dentro de tu corazón. Ellas dan vida a quienes las hallan; son la salud del cuerpo» (Proverbios 4.20–22). ¡El hombre de fe inquebrantable termina realizando grandes hazañas para Dios!

Reflexión de
JOEL

Cuando mi padre falleció en 1999, en mi interior sabía que yo debía pastorear la iglesia de Lakewood, pero todo lo que podía ver eran las gigantescas razones por las cuales no podía hacerlo. Pensé: «Dios, no me siento cualificado. Solo he predicado una vez. No he asistido nunca al seminario». Tenía que decidir si echarme atrás y volver a mi zona de comodidad o dar un paso de fe, sabiendo que el Dios Todopoderoso estaba de mi parte.

Elegí ir con Dios, pero no fue fácil. Muchos domingos por la mañana me levantaba y pensaba: «¡No puedo hacerlo!». Pero me ponía delante del espejo, me miraba a los ojos y decía: «Joel, puedes hacerlo con el poder de la fuerza de Dios». Yo lo hice, y tú también puedes.

CAPÍTULO DIEZ

Fe *para* nuestros amigos *y* familia

C omo hombres de fe, tenemos la orden clara de Jesús de ir por todo el mundo y predicar el evangelio a toda criatura: «y en su nombre se predicarán el arrepentimiento y el perdón de pecados a todas las naciones, comenzando por Jerusalén» (Lucas 24.47). En la iglesia de Lakewood siempre hemos hecho mucho énfasis en la Gran Comisión, y siempre lo haremos.

Pero fíjate en que Jesús declara que el punto de partida es *Jerusalén*, lo que quiere decir el lugar donde vives. La cuestión es que lo que Jesús está diciendo es: «Ciertamente mi corazón es llegar a todas las naciones. Pero si primero no alcanzas tu Jerusalén, no servirá de mucho para el resto del mundo».

En Cantares de Salomón 1.6 leemos: «me obligaron a cuidar las viñas; ¡y mi propia viña descuidé!». Dios nos ha hecho cuidadores de viñas. ¿Qué es nuestra *viña*? Nuestra familia, nuestros amigos, nuestros vecinos y nuestros compañeros de trabajo. No vamos a cuidar de otras viñas y a olvidar la nuestra. Como hombres de fe inquebrantable, ¡vamos a tener fe para nuestra familia y amigos!

Sí, Dios nos ha ordenado ir por todo el mundo con el evangelio, pero nunca a expensas de desatender a nuestra propia familia. ¡Oh, menuda condenación caería sobre nosotros si tuviésemos que confesar que «mi propia viña descuidé»!

¿Qué sucedería si ganase el resto del mundo para Jesús y descuidase a mi propia familia? No puedo concebir la idea de uno solo de mis hijos muriendo sin haber depositado su fe en Cristo. O mi padre, mi madre, mis sobrinos y sobrinas o un viejo amigo. Dios me ha erigido en cuidador de mi familia, y soy responsable de ser un buen ejemplo, cuidarlos y orar por ellos.

De vez en cuando alguien me dice: «Bueno, ya sabes, no voy a influir a mi hijo respecto a qué religión es la correcta. Él tiene que crecer y tomar sus propias decisiones».

¿Qué tontería es esa? El mundo está influyendo a tus hijos: la cultura de las drogas, la pornografía, la televisión, el mundo del espectáculo, ¡y el pensamiento liberal en la escuela! ¡Es hora de que nos levantemos y llevemos nuestra fe a nuestra propia familia!

Tal vez hayas leído el libro *Acres of Diamonds* [Acres de diamantes], de Russell H. Conwell. Es la historia de un hombre cuyo deseo insaciable por encontrar diamantes le hizo vender su propiedad y partir a buscarlos. Viajó por todo el mundo pero nunca los encontró. Mientras tanto, el nuevo propietario de su casa descubrió que en el patio trasero de la propiedad había una rica mina de diamantes. El mensaje de Conwell a su público es: «¡Cava en tu propio patio!».

Yo apoyo de corazón a aquellos que desean llevar el evangelio a todo el mundo. Pero te aseguro que el mayor tesoro que tienes sobre la tierra se encuentra en tu propio patio: tu esposa, tus hijos y tu familia extendida. Esa es tu propia viña.

En Malaquías 3.17 Dios dice: «Y serán para mí especial tesoro, ha dicho Jehová de los ejércitos, en el día en que yo actúe» (RV60). Espero que te des cuenta de que tus hijos y esposa son diamantes para Dios. ¡Atesóralos!

«Serviremos al Señor»

Déjame preguntarte algo. Si se te imputase el delito de ser cristiano, ¿habría pruebas suficientes para condenarte? ¿Saben tus vecinos que perteneces a Jesús? ¿Tus hijos? ¿Los otros miembros de la familia?

La Palabra de Dios es reiteradamente clara respecto a llevar nuestra fe a nuestra familia y vecinos: «Grábense estas palabras en el corazón y en la mente; átenlas en sus manos como un signo, y llévenlas en su frente como una marca. Enséñenselas a sus hijos y repítanselas cuando estén en su casa y cuando anden por el camino, cuando se acuesten y cuando se levanten; escríbanlas en los postes de su casa y en los portones de sus ciudades» (Deuteronomio 11.18–20).

Después de que Josué condujese al pueblo de Israel a la Tierra Prometida y repartiese la tierra entre la gente, declaró: *«Por mi parte, mi familia y yo serviremos al Señor»* (Josué 24.15). Como hombres de fe, debemos levantarnos y declarar lo mismo.

¿Vas a levantarte? ¿Dónde están los hombres que abrazan sus responsabilidades como maridos y padres, llevando su fe a sus familias un día sí y otro también? ¿Dónde están los papás que dedican tiempo a sus hijos e hijas en vez de trabajar, trabajar y trabajar por amor al dinero? Escucha bien: hacer dinero no es lo más importante del mundo. Hacer una vida sí. Puedes hacer dinero sin hacer una vida.

¿Tu hijo ha oído alguna vez de tu boca algo acerca de Jesús? ¿Lees la Palabra y oras con ellos? ¿Alguna vez has puesto las manos sobre ellos y orado por su curación? ¿Han visto tus hijos alguna vez cómo tomas las manos de tu esposa y ambos inclinan sus cabezas en humildad ante Dios y buscan Su rostro? ¡Oh, qué importante es para un hombre hacerse cargo de su casa y decir con Josué: «No sé lo que los demás van a hacer, pero por mi parte, mi esposa y nuestros hijos serviremos al Señor»!

«VETE A TU CASA, A LOS DE TU FAMILIA, Y DILES...»

Marcos 5 relata la extraordinaria historia de Jesús expulsando los demonios de un hombre, llamados Legión. «Este hombre vivía en los sepulcros, y ya nadie podía sujetarlo, ni siquiera con cadenas. Muchas veces lo habían atado con cadenas y grilletes, pero él los destrozaba, y nadie tenía fuerza para dominarlo. Noche y día andaba por los sepulcros y por las colinas, gritando y golpeándose con piedras» (vv. 3–5).

Después de su liberación, se nos dice que el hombre estaba sentado vestido a los pies de Jesús y en sus cabales. «Mientras subía Jesús a la barca, el que había estado endemoniado le rogaba que le permitiera acompañarlo. Jesús no se lo permitió, sino que le dijo: *"Vete a tu casa, a los de tu familia, y diles todo lo que el Señor ha hecho por ti y cómo te ha tenido compasión"*. Así que el hombre se fue y se puso a proclamar en Decápolis lo mucho que Jesús había hecho por él. Y toda la gente se quedó asombrada» (vv. 18–20).

Cuando el hombre le rogó a Jesús que le permitiese ir con Él, Jesús le dijo: «No, quiero que vayas a tu casa. Has estado poseído por los demonios, corriendo desnudo por todas partes, viviendo en el cementerio, has intentado suicidarte y has llegado a casa ensangrentado. Tus hijos lo saben; tu esposa lo sabe; tus vecinos lo saben; toda la ciudad lo sabe. ¡Debes ir a casa y contarles todas las grandes cosas que el Señor ha hecho contigo!». Y eso es precisamente lo que hizo, provocando que la gente de Decápolis se «asombrara».

Como hombres de fe, creemos en Dios para nuestros seres queridos: nuestros hijos, nuestras hijas, nuestras tías, nuestros tíos, nuestros parientes, nuestros vecinos... nuestra propia viña. Debemos hacer algo con nuestro propio viñedo. *Puedes que tú seas el único que mantengas la fe en tu círculo familiar.*

Desgraciadamente, muchos hombres hoy en día están atados de forma similar a como lo estaba el hombre endemoniado. Unos están amarrados por la ira y la violencia. Otros se inclinan por la destrucción. Algunos son adictos a las drogas, al alcohol o a la pornografía. Eso es lo que hace el diablo, y ningún hombre puede liberarse a sí mismo.

Pero ahora fíjate en lo que Jesús puede hacer. El endemoniado vio a Jesús a lo lejos y los demonios que habitaban en él clamaron: «¡No nos atormentes antes de tiempo!». Los demonios tenían miedo de la presencia de Jesús. Y Jesús les ordenó que se fueran.

Todo lo que necesitamos es tener a Jesús. ¡Quiero que sepas que no hay nadie lejos del alcance de Jesús! Eso es lo que Jesús puede hacer. Él puede llevarte a la calma y a la serenidad, y tú puedes sentarte a Sus pies. Te dará una mente sana para que puedas pensar de forma clara y vivir correctamente.

Vuelve a tu esposa, tus hijos, tu madre, tu padre, a quien sea que esté en tu casa. Ellos saben qué clase de hombre has sido. Conocen los tormentos por los que has pasado. ¡Vuelve a donde habitas! Y no te detengas solo en tu casa; ve a todos los amigos que sabían de tu condición. Vete a tu casa y a tus amigos y haz dos cosas: cuéntales las grandes cosas que el Señor ha hecho contigo y diles que él ha tenido compasión de ti.

Pero no les digas solo lo que Dios ha hecho por ti; háblales de Su misericordia. Tú mismo sabes que es difícil para alguien que ha vivido una vida de pecado creer que Dios le ama. Pero Cristo vino a este mundo para los pecadores, Él murió por los pecadores, pagó el precio de los pecadores yendo al infierno en su lugar, y Dios le levantó de los muertos. ¡Dios ama a todo el mundo! No tiene favoritos.

Debemos hablarle a la gente acerca del corazón amoroso y compasivo de Dios. ¡Él los ama! Los quiere y los necesita. Y son bienvenidos en el reino de Dios.

Pero orar no es suficiente. Tienes que ir y hablarles.

Nuestra suficiencia es Dios

En Hechos 27 Pablo se encontraba en medio de un temporal marítimo tan fuerte que los que estaban en el barco no habían visto el sol ni las estrellas en catorce días. Al final, la Biblia dice: «perdimos al fin toda esperanza de salvarnos». Toda la esperanza depositada en el reino natural se desvaneció.

Pero aun en medio de la desesperanza, a Pablo se le apareció un ángel que le dijo: «No tengas miedo, Pablo. Tienes que comparecer ante el emperador; y Dios te ha concedido la vida de todos los que navegan contigo» (v. 24). La esperanza se había disipado; y aun así todos y cada uno de ellos fueron salvados.

Si te encuentras en una situación en la que todas las esperanzas se han esfumado, ¡puedes darle la vuelta con Jesús para que todo salga bien! Dios nunca envió aquella tormenta, pero sí la conquistó y dirigió sus vientos. Dijo: «Oh, ¿estás tratando de matar a mi siervo Pablo? Te diré lo que voy a hacer. Yo dirigiré los vientos de esta tempestad y pondré a Pablo en aquella isla llamada Malta, que está llena de personas enfermas que están sufriendo. ¡Toda la isla va a conocer el poder sanador del Señor Jesucristo!».

Puede que hoy estés en medio de una tormenta. Dios no la ha enviado, pero sí la conquistará. Déjale entrar. Deja que sea Él quien la dirija, y descubrirás que en medio de ella alcanzarás tu isla de necesidades, tus sueños. Deja que tu tormenta haga que dobles las rodillas y apartes la mirada de los hombres para centrarla en Dios. Deja que tu tormenta te haga comprender que no eres autosuficiente. ¡Nuestra suficiencia viene de Dios!

Vive como una estrella brillante

«...para que sean intachables y puros, hijos de Dios sin culpa en medio de una generación torcida y depravada. En ella ustedes brillan como estrellas en el firmamento» (Filipenses 2.15).

En Hechos 16 se narra la maravillosa historia del apóstol Pablo, que expulsó a un demonio de una joven que era adivina. Pero el resultado de la acción de Pablo fue que se reunió una muchedumbre enojada y se convocó a los magistrados. Castigaron a Pablo y Silas arrancándoles la ropa de la espalda y golpeándoles sin piedad. Después los llevaron a la cárcel y le encargaron al carcelero que los custodiara con la mayor seguridad. Él los arrojó al calabozo interior y les sujetó los pies en el cepo.

Entonces la Biblia dice: «De repente se produjo un terremoto tan fuerte que la cárcel se estremeció hasta sus cimientos. Al instante se abrieron todas las puertas y a los presos se les soltaron las cadenas. El carcelero despertó y, al ver las puertas de la cárcel de par en par, sacó la espada y estuvo a punto de matarse, porque pensaba que los presos se habían escapado. Pero Pablo le gritó: "¡No te hagas ningún daño! ¡Todos estamos aquí!". El carcelero pidió luz, entró precipitadamente y se echó temblando a los pies de Pablo y de Silas. Luego los sacó y les preguntó: *"Señores, ¿qué tengo que hacer para ser salvo?"*. *"Cree en el Señor Jesús; así tú y tu familia serán salvos"*, le contestaron. Luego les expusieron la palabra de Dios a él y a todos los demás que estaban en su casa. A esas horas de la noche, el carcelero se los llevó y les lavó las heridas; en seguida fueron bautizados él y toda su familia. El carcelero los llevó a su casa, les sirvió comida y se alegró mucho junto con toda su familia por haber creído en Dios» (vv. 26–34).

A medianoche, Pablo y Silas estaban en el cepo con la espalda sangrando, ¡orando y cantando alabanzas a Dios! Todo el mundo puede cantar cuando el sol brilla, pero un cristiano verdadero puede cantar pase lo que pase. Puede que a tu alrededor todo esté oscuro, pero hay luz en tu interior. *Cuando tienes el conocimiento de la revelación; cuando sabes quién eres; cuando sabes cómo va a terminar todo al final, puedes alabar a Dios en medio de las tinieblas.* Si le alabas en la oscuridad, ¡Él te sacará a la luz del sol!

Cuando Pablo le impidió al carcelero quitarse la vida, la reacción inmediata de este fue caer de rodillas ante Pablo y Silas y preguntarles: «Señores, ¿qué tengo que hacer para ser salvo?». El testimonio de Pablo y Silas fue tan claro que el carcelero desesperadamente quiso la vida de Jesús para sí mismo y su casa. El carcelero estaba diciendo: «Quiero ser como ustedes. Quiero tener el gozo que tienen ustedes. Quiero tener la victoria de la que disfrutan. Quiero tener ese algo que ustedes tienen».

La respuesta de Pablo fue simple y clara: «Cree en el Señor Jesús». No de palabra, sino totalmente. Confía del todo en Él. Encomienda tu vida entera a Él como tu Señor y Salvador y serás salvo. Y luego viene esto de lo que estoy hablando: *«y tu familia».* No solo es bueno para papá, ¡es bueno para toda la familia!

Así pues, la Biblia dice que predicaron la Palabra de Dios al carcelero y a toda su familia, quienes llegaron a la salvación por la fe en Dios. A continuación la Biblia dice que el carcelero se alegró mucho. Hay una traducción que dice que saltó de alegría con toda su familia porque creyeron en Dios. Cuatro veces afirma *«toda su familia»*. ¡Así que Dios quiere que nuestras familias sean salvas!

Fue un terremoto lo que llevó al carcelero a Dios. Dios no envía tristeza, ni problemas, ni dolor, ni cáncer, ni SIDA, ni nada de eso. Cada día suceden grandes tragedias. Dios no es el autor de ellas. ¡Pero los terremotos pueden llevarnos a Dios! Y a veces hay que permitirlos a fin de que nos sacudan hasta los cimientos.

Tal vez estás atravesando grandes dificultades, un terremoto, en este momento. Dices que es lo peor que puedes imaginarte, y no sabes lo que vas a hacer. Deja que esto te lleve a postrarte de rodillas. Encomiéndate a Dios.

Quizá te preguntes: «Bien, ¿va Dios a hacer por mí lo que hizo por el carcelero?». ¡Dios hará cualquier cosa por este mundo! Mandará obreros a tu camino. Enviará a ángeles para que te avisen. Se aparecerá ante ti. ¡Con Dios todo es posible!

Creamos para que todas las naciones sean removidas por el poder de Dios, pero creámoslo también para nuestras propias familias, amigos, vecinos y escuelas. Tenemos que alejar a nuestros jóvenes de la violencia, las drogas y la pornografía, y liberarlos. Debemos tener a padres comprometidos con Jesús y madres viviendo por Él, ¡y entonces nuestras ciudades serán cambiadas!

Debes gritar: «¡Mi familia será salvada!». Dilo de nuevo: «¡Mi familia será salvada!».

No menosprecies el poder de tu fe e influencia. Es sorprendente lo que una persona que ha sido salvada puede hacer en una familia. Fíjate en cómo el carcelero que fue salvado le pidió a Pablo que fuera y le predicara a su familia, y todos en aquella casa se bautizaron. ¡Es sorprendente lo que una persona salvada que deja brillar su luz puede hacer por Jesús!

Cuando deposité mi fe en Cristo por primera vez, mi familia solía ir discotecas y vivía para el mundo. Yo era un poco tímido y no estaba seguro de qué decir, pero en vez de salir con ellos me quedaba en casa y sacaba la enorme y antigua Biblia familiar y la leía. No entendía mucho de lo que leía, pero intentaba dejar que mi luz brillase.

Una noche mi hermana Mary estaba a punto de salir para la discoteca y vino y se plantó a mi lado. Entonces dijo: «John, ¿por qué ahora te quedas en casa a leer la Biblia y no sales con nosotros?». Sin levantar la mirada le dije: «Mary, le he entregado mi corazón a Jesús, ¡y no voy a volver nunca más al mundo!». Pensé que ella iba a provocarme, pero de su boca no salió nada. Así que alcé los ojos y vi que las lágrimas resbalaban por su rostro. Dijo: «John, ¿crees que Jesús puede salvar a alguien como yo?». Yo le dije: «Oh sí, Mary. Lo hará. Lo hará». En aquel instante, Mary se arrodilló junto a la mesa del comedor y pasó de las tinieblas a la luz, de la muerte a la vida eterna.

Y uno por uno, los demás miembros de mi familia llegaron a la fe. Mi madre se salvó. Mi otra hermana entró corriendo una noche y dijo: «He estado en un encuentro cristiano y le he entregado mi corazón a Jesús». Mi hermano le entregó su corazón a

Jesús. Con papá no fue tan fácil. Él decía: «Cuando te mueres, te quedas tan muerto como un perro muerto. Te meten en un agujero. Ahí se acaba todo». Yo le dije: «Papá, si eso fuese cierto, no te molestaré nunca más. Pero hay que vivir eternamente en algún sitio». Gracias a Dios, ¡él se salvó!

Como hombres de fe inquebrantable, ¡dejemos que nuestra luz brille! ¡Es maravilloso lo que una sola luz puede hacer!

DEBEMOS HABLARLE A LA GENTE ACERCA

DEL CORAZÓN AMOROSO Y COMPASIVO DE DIOS.

¡Él los ama!

Reflexión de
JOEL

Nadie nos pudo haber representado mejor la bondad de Dios a nosotros, los niños de la familia Osteen, que mi padre. Incluso cuando cometíamos errores o nos salíamos del camino, aunque papá era firme, también era cariñoso y amable. Él nos guiaba de nuevo al rumbo correcto. Nunca nos golpeó para meternos en vereda, sino que con amor nos llevaba al sendero correcto. Aunque estaba muy ocupado, siempre tenía tiempo para nosotros. Nos animaba a hacer grandes cosas, a realizar nuestros sueños.

Si eres padre, necesitas darte cuenta de que la mayoría de los niños entienden el concepto de quién es Dios y de cómo es Él a través de sus padres. Si el padre es mezquino, crítico y severo inevitablemente los hijos crecerán con una visión distorsionada de Dios. Si el padre es cariñoso, amable, compasivo y justo, los hijos entenderán mejor el carácter de Dios.

CAPÍTULO ONCE

El mensaje que Dios confía *a* los hombres *de* fe

«¡Aleluya! ¡Alabado sea el Señor! Dichoso el que teme al Señor, el que halla gran deleite en sus mandamientos. Sus hijos dominarán el país; la descendencia de los justos será bendecida. En su casa habrá abundantes riquezas, y para siempre permanecerá su justicia. No temerá recibir malas noticias; su corazón estará firme, confiado en el Señor. Su corazón estará seguro, no tendrá temor, y al final verá derrotados a sus adversarios» (Salmo 112.1–3, 7–8).

Vivimos tiempos difíciles, donde la mayoría de los hombres viven aterrorizados, preocupados y ansiosos. Pero si nos regocijamos grandemente en los mandamientos del Señor, no tenemos por qué vivir con miedo. Se nos ha afirmado que Jehová Dios cuidará de nosotros. Está ordenado. Está escrito.

Más allá de eso, sin embargo, como hombres de fe nuestra preocupación más profunda debería ser alcanzar a nuestra familia, nuestros amigos, nuestros vecinos, y hablarles de Jesús para que podamos llevarlos al cielo con nosotros.

En Hechos 10.1–5 se narra la extraordinaria historia de la compasión de Dios por un hombre preocupado por los de su casa. Aquí vemos a un hombre cuyo corazón comparte los intereses del corazón de Dios: ¡que toda su familia y vecinos lleguen a la fe en Cristo!

«Vivía en Cesarea un centurión llamado Cornelio, del regimiento conocido como el Italiano. Él y toda su familia eran devotos y temerosos de Dios. Realizaba muchas obras de beneficencia para el pueblo de Israel y oraba a Dios constantemente. Un día, como a las tres de la tarde, tuvo una visión. Vio claramente a un ángel de Dios que se le acercaba y le decía: "¡Cornelio!". "¿Qué quieres, Señor?", le preguntó Cornelio, mirándolo fijamente y con mucho miedo. "Dios ha recibido tus oraciones y tus obras de beneficencia como una ofrenda", le contestó el ángel. "Envía de inmediato a algunos hombres a Jope para que hagan venir a un tal Simón, apodado Pedro"». Después, en Hechos 11.14, la frase acerca de Pedro continua: «Él te traerá un mensaje mediante el cual serán salvos tú y toda tu familia».

Este hombre era como tantas personas que son religiosas y hacen muchas cosas buenas. Era un hombre devoto que temía a Dios, daba muchas limosnas y siempre oraba, pero no tenía una relación con Jesús. Necesitaba que Pedro fuera y le guiara al camino de la salvación. Sabía de Dios, pero en realidad no le conocía.

Pero este inquieto hombre no le pasó desapercibido a Dios, que se conmovió tanto por cómo lo buscaba que le envió un ángel. El ángel le dijo: «Dios ha recibido tus oraciones y tus obras de beneficencia como una ofrenda». Dios oye el clamor y las oraciones de los hombres.

El ángel le dijo al centurión que mandara a buscar a Simón Pedro para que le hablase las palabras por medio de las cuales él y su familia podrían ser salvos. Entretanto, a pesar de que solo habían pasado diez años desde que Jesús les encomendó ir por todo el mundo y predicar el evangelio a toda criatura, Pedro mismo necesitó una visión para convencerse de ir a la casa de Cornelio, porque Cornelio era un gentil, y los judíos no tenían trato con los gentiles. El prejuicio racial estaba profundamente arraigado en la vida de la iglesia primitiva como un lastre de su pasado, y Pedro no era perfecto.

Así que Dios primero preparó a Pedro, y cuando este conoció a la familia de Cornelio, le dijo estas palabras que nosotros, como hombres de fe, necesitamos incorporar a nuestras vidas cuando nos acercamos a nuestros seres queridos:

«Pedro tomó la palabra, y dijo: "Ahora comprendo que en realidad para Dios no hay favoritismos, sino que en toda nación él ve con agrado a los que le temen y actúan con justicia. Dios envió su mensaje al pueblo de Israel, anunciando las buenas nuevas de la paz por medio de Jesucristo, que es el Señor de todos. Ustedes conocen este mensaje que se difundió por toda Judea, comenzando desde Galilea, después del bautismo que predicó Juan. Me refiero a Jesús de Nazaret: cómo lo ungió Dios con el Espíritu Santo y con poder, y cómo anduvo haciendo el bien y sanando a todos los que estaban oprimidos por el diablo, porque Dios estaba con él. Nosotros somos testigos de todo lo que hizo en la tierra de los judíos y en Jerusalén. Lo mataron, colgándolo de un madero, pero Dios lo resucitó al tercer día y dispuso que se apareciera, no a todo el pueblo, sino a nosotros, testigos previamente escogidos por Dios, que comimos y bebimos con él después de su resurrección. Él nos mandó a predicar al pueblo y a dar solemne testimonio de que ha sido nombrado por Dios como juez de vivos y muertos. De él dan testimonio todos los profetas, que todo el que cree en él recibe, por medio de su nombre, el perdón de los pecados". Mientras Pedro estaba todavía hablando, el Espíritu Santo descendió sobre todos los que escuchaban el mensaje» (Hechos 10.34–44).

Veo siete principios en estos diez versículos que creo que todo hombre de fe debe conocer.

1. Dios no tiene favoritos

«Para Dios no hay favoritismos» (v. 34).

El primer principio básico es que Dios no tiene favoritos. No hace distinción entre las personas. Ama a la prostituta del mismo modo en que ama a la que es virgen. Ama al alcohólico tanto como al hombre sobrio. Dios no tiene en cuenta el color de tu piel. No le importa el estatus social que tengas. Dios ama a todo el mundo del mismo modo.

Dios no hace acepción de personas, y ahí es donde debemos empezar. Esto es crucial, porque podríamos pasarlo mal creyendo que algunos de nuestros seres queridos, parientes y vecinos no pueden llegar a la fe por la forma en que han vivido. Y esa misma gente puede también creer que no pueden ser salvos por la forma en que han vivido, así que tenemos que hacerles comprender que Dios no hace acepción de personas.

2. DIOS TE ACEPTA

«Sino que en toda nación él ve con agrado a los que le temen y actúan con justicia» (v. 35).

Esto representa la aceptación de Jesús, que abarca a toda nación y a toda persona en cada nación, lo que incluye a tu propia familia y tus vecinos. Todo el mundo tiene la misma oportunidad para la fe.

3. LA PAZ SOLO VIENE A TRAVÉS DE JESÚS

«Dios envió su mensaje al pueblo de Israel, anunciando las buenas nuevas de la paz por medio de Jesucristo, que es el Señor de todos» (v. 36).

El tercer principio es que la paz llega por medio de Jesucristo, ¡y Jesús es el Señor! No hay ninguna otra forma de conseguir paz de espíritu excepto a través de Jesús. No puedes comprarla, olfatearla, cazarla, bebértela o fabricarla. La única forma de tener paz de corazón y acostarte por la noche sabiendo que todo está bien entre tú y Dios es a través de Jesucristo.

4. DIOS ES UN DIOS BUENO

«Me refiero a Jesús de Nazaret: cómo lo ungió Dios con el Espíritu Santo y con poder, y cómo anduvo haciendo el bien y sanando a todos los que estaban oprimidos por el diablo, porque Dios estaba con él» (v. 38).

Al igual que hizo Pedro, debemos contarle a la gente que Dios envió a Su único Hijo al mundo. Jesús nació de una virgen y vivió Su vida haciendo el bien, demostrando la bondad y la misericordia de Dios. Fue por todos los pueblos y ciudades, sanó cada mal y enfermedad de entre la gente. Permaneció al lado de la mujer sorprendida en adulterio y la restauró (Juan 8). Jesús llevó la salvación a la menospreciada mujer samaritana que había estado casada cinco veces y que estaba viviendo con un hombre que no era su marido, y alcanzó a todo su pueblo (Juan 4). Buscó a Zaqueo, que no se sentía digno ni tan siquiera para venir a Su presencia (Lucas 19). Llegó a buenos y a malos por igual, demostrando constantemente el amor de Dios haciendo el bien. Dile a la gente que Dios es un Dios bueno.

5. Jesús cargó con tu pecado en la cruz

«Nosotros somos testigos de todo lo que hizo en la tierra de los judíos y en Jerusalén. Lo mataron, colgándolo de un madero...» (v. 39).

El quinto principio es que debemos contarles a nuestros seres queridos que Jesús fue crucificado en su lugar. Él no conoció pecado. La razón por la que fue a la cruz fue porque estaba llevando nuestra inmoralidad, nuestra ira, nuestros hurtos y nuestros pecados de toda clase. Él cargó con nuestros pecados. Debemos contarles que Jesús vino para pagar el precio. Él murió en aquella cruz y pagó el precio del juicio de Dios para que podamos ser libres de pecado, de vergüenza y de culpa (ver 1 Pedro 2.24).

6. JESÚS MURIÓ POR TI

«Pero Dios lo resucitó al tercer día y dispuso que se apareciera, no a todo el pueblo, sino a nosotros, testigos previamente escogidos por Dios, que comimos y bebimos con él después de su resurrección» (vv. 40–41).

Dios levantó a Jesús de la muerte. Al tercer día, un poderoso ángel removió la piedra: no para dejar salir a Jesús, ¡sino para que los discípulos pudieran entrar y ver que Él ya había resucitado de entre los muertos! El poder de la resurrección vino sobre Jesús, y Él resucitó de los muertos, y Su cuerpo fue glorificado como un cuerpo humano. Después descendió a los dominios de Satanás y se acercó al diablo como el resucitado Conquistador de la muerte, tomando de él la corona de su cabeza y las llaves de la muerte.

Lee en Apocalipsis 1 dónde se alza Jesús tan brillante como el sol y resplandeciendo con gloria eterna. Jesús murió en la cruz y pagó el precio de nuestra salvación. Él dijo: «[Yo soy] el que vive. Estuve muerto, pero ahora vivo por los siglos de los siglos, y tengo las llaves de la muerte y del infierno» (Apocalipsis 1.18).

¡Tenemos que decirle a la gente que Jesús murió por ellos! ¡Y que resucitó por ellos! ¡Gracias a Dios! Eso es lo que hizo. ¡Se levantó de los muertos! Estas son las palabras que traen salvación.

7. COMPARTE ESTAS BUENAS NOTICIAS CON LOS DEMÁS

«Él nos mandó a predicar al pueblo y a dar solemne testimonio de que ha sido nombrado por Dios como juez de vivos y muertos» (v. 42).

Como hombres de fe, Jesús nos ordenó llevar estas noticias a todo el mundo. Todos tienen derecho a escuchar este mensaje, y nosotros debemos hacer nuestra parte para entregarlo. El hecho es que un día toda rodilla se doblará ante Jesús y toda lengua confesará que Él es el Señor (Filipenses 2.10–11). Dios ha estipulado que Jesús juzgará a los vivos y a los muertos. Todo hombre, mujer y niño estarán de pie delante de Jesús.

Jesús dijo: «Pero yo, cuando sea levantado de la tierra, atraeré a todos a mí mismo» (Juan 12.32). Tendemos a malinterpretar este pasaje. Decimos: «Bueno, si levantamos a Jesús, la gente vendrá a Él». Sí, eso es cierto en un sentido, pero no es a lo que Jesús se refería. Él estaba diciendo: «Si sigo adelante y obedezco al Padre, y muero en esa cruz; si cargo con sus pecados y enfermedades; si asumo su juicio y pago el precio y desciendo al infierno; y si me levanto de nuevo, atraeré a todo ser humano ante Mí».

Ahora, como hombres de fe, Jesús nos está diciendo: «¿Qué hiciste con lo que yo hice para ti? ¿Qué hiciste conmigo? ¿Qué actitud tomaste acerca de lo que yo hice?».

Con cada latido de tu corazón y con cada tictac del reloj te vas acercando al momento en que tú, tus seres queridos y tus vecinos se presenten delante de Jesús, el Juez de los vivos y de los muertos. Nadie puede remitir tus pecados o los de los demás excepto Jesús. «De él dan testimonio todos los profetas, que todo el que cree en él recibe, por medio de su nombre, el perdón de los pecados» (Hechos 10.43). Cualquiera que crea en Jesús no solo recibirá el perdón, sino la remisión de sus pecados. La remisión significa que hay un sello que pone «deuda saldada».

¡Qué glorioso evangelio puedes compartir y vivir ante tu familia y vecinos! Ve y diles que Dios es un Dios bueno.

Como hombres de fe,

Jesús nos está diciendo:

«¿Qué hiciste

con lo que yo hice para ti?».

Reflexión de
JOEL

Debido a que crecí con la aceptación y aprobación de mis progenitores, ahora que yo mismo soy padre hablo palabras de bendición a las vidas de mis hijos, que pasarán a la siguiente generación, y así sucesivamente. Antes de que mis hijos se vayan a la cama, Victoria y yo les decimos: «No hay nada que no puedas hacer. Tienes un brillante futuro delante de ti. Estás rodeado por el favor de Dios. Todo lo que toques va a prosperar». Creemos que tenemos la oportunidad y la responsabilidad de hablar las bendiciones de Dios a nuestros hijos ahora, mientras aún son pequeños.

No esperes a que tus hijos sean adolescentes, o tengan veinte años o estén a punto de casarse para empezar a orar por las bendiciones de Dios en sus vidas. No, confiesa las bendiciones de Dios sobre ellos todos los días de su vida, empezando desde ahora mismo.

CAPÍTULO DOCE

Qué hacer cuando parece *que* nada funciona

Tarde o temprano, como hombres de fe todos llegamos a un lugar donde nos sentimos tentados a decir: «Simplemente, no parece que nada vaya a funcionar». Hay una conmovedora situación en la Biblia donde nada parecía funcionar cuando un hombre necesitado se acercó a los discípulos de Jesús para pedir ayuda.

«Cuando llegaron a la multitud, un hombre se acercó a Jesús y se arrodilló delante de él. "Señor, ten compasión de mi hijo. Le dan ataques y sufre terriblemente. Muchas veces cae en el fuego o en el agua. Se lo traje a tus discípulos, pero no pudieron sanarlo". "¡Ah, generación incrédula y perversa!", respondió Jesús. "¿Hasta cuándo tendré que estar con ustedes? ¿Hasta cuándo tendré que soportarlos? Tráiganme acá al muchacho". Jesús reprendió al demonio, el cual salió del muchacho, y este quedó sano desde aquel momento. Después los discípulos se acercaron a Jesús y, en privado, le preguntaron: "¿Por qué nosotros no pudimos expulsarlo?". "Porque ustedes tienen tan poca fe", les respondió. "Les aseguro que si tienen fe tan pequeña como un grano de mostaza, podrán decirle a esta montaña: 'Trasládate de aquí para allá' y se trasladará. Para ustedes nada será imposible"» (Mateo 17.14–20).

Aquí encontramos a un padre con una tremenda necesidad. Su hijo sufre severos ataques y comete acciones suicidas. Él trajo a su hijo a los mejores evangelistas de liberación del momento: aquellos que fueron formados directamente bajo el ministerio de Jesús. Aun así, después de que los discípulos hicieran todo lo que sabían hacer, todos ellos fracasaron.

Hay veces en que nada parece funcionar.

Siempre hay esperanza

Te lo aseguro, siempre hay esperanza cuando estás en problemas. El salmista David dijo: «A las montañas levanto mis ojos; ¿de dónde ha de venir mi ayuda?» (Salmo 121.1).

Cuando aquel padre alzó los ojos y miró, ¡Jesús mismo estaba bajando de la montaña! A su llegada, su rostro aún brillaba por la Transfiguración (Mateo 17.1–13). Cuando Él entra en escena, fracasos, enfermedades y demonios desaparecen.

Todo lo que necesitamos hacer es dejar entrar a Jesús en escena.

Jesús es la Palabra Viva. Está la Palabra escrita, y Jesús es esa Palabra personificada. «Y el Verbo se hizo hombre y habitó entre nosotros. Y hemos contemplado su gloria, la gloria que corresponde al Hijo unigénito del Padre, lleno de gracia y de verdad» (Juan 1.14). Si podemos activar la Palabra de Dios en medio de nuestros fracasos, podemos encontrar ayuda en Dios.

Jesús bajó al valle y le preguntó al hombre qué estaba buscando de los discípulos. El hombre le contó lo de su hijo, añadiendo que los discípulos no habían podido ayudar a su vástago. Jesús le dijo al hombre que trajera al joven ante Él. «Jesús reprendió al demonio, el cual salió del muchacho, y este quedó sano desde aquel momento» (Mateo 17.18).

Aquel padre encontró su respuesta en el Señor Jesús. Llevó la Palabra Viva a su situación.

¡Jesús es maravilloso! Necesitamos predicar a Jesús. Esta generación necesita ver a Jesús. Si pudiéramos ofrecerle a esta humanidad que se muere, que clama, que suspira y que sufre un pequeño atisbo de Jesús, que es siempre el mismo y que tiene el poder de realizar todo lo que necesitamos, correrían hacia Él. Correrían hacia Él porque sigue siendo el maravilloso Hijo de Dios descrito en la Biblia.

«Jesucristo es el mismo ayer y hoy y por los siglos» (Hebreos 13.8). Él está contigo dondequiera que vayas. Él dijo: «Y les aseguro que estaré con ustedes siempre, hasta el fin del mundo» (Mateo 28.20). Y también ha dicho: «Nunca te dejaré; jamás te abandonaré» (Hebreos 13.5).

Como hombres de fe inquebrantable, necesitamos saber qué hacer cuando nos encontramos en el valle y nada funciona. La gente ora y busca a Dios para tener éxito, cura y liberación. Buscan para hacerse con los dones del Espíritu Santo y para que las puertas del ministerio se abran. Oran, y oran, y oran. Prueban todas las fórmulas que han oído, pero nada parece funcionar.

Necesitamos a Jesús en nuestro valle. Él nos revelará el camino, ¡porque Él es el camino! Él dijo: «Yo soy el camino, la verdad y la vida» (Juan 14.6).

Hace años tuve un coche nuevo, uno de los mejores, y estaba muy orgulloso de él. Pero un día, mientras me aproximaba a la autopista, se detuvo abruptamente. El motor de mi coche nuevo no giraba. Estaba muy decepcionado y bien podría haberme marchado dejándolo allí tirado, seguro de que no lo haría funcionar. Pero yo sabía que aquel coche había sido construido para funcionar, así que llamé a mi mecánico, que vino y descubrió que un pequeño cable se había desconectado. Una vez que lo conectó de nuevo, el coche arrancó de inmediato, y yo continué mi camino felizmente.

Puedes encontrar fantásticas enseñanzas y verdades en los maestros ungidos de Dios. Puedes lanzarte ante la oportunidad para intentarlo. Dices: «¡Es tan maravilloso!». Todo va bien mientras conduces por la carretera, hasta que chocas con un problema. Cuando tratas de aplicar lo que has aprendido, toda la operación fracasa. Entonces dices: «Él dijo que funcionaría, pero no ha sucedido nada. Está en la Biblia, pero a mí no me funciona». Cuando parece que nada funciona, necesitas que Jesús te muestre dónde está la conexión perdida. No es que la Biblia no funcione. *¡La Palabra de Dios funciona!* Debemos darnos cuenta de que si algo va mal, no es culpa de Dios o de Su Palabra; puede que seamos nosotros.

Cuando buscas a Dios, y crees fielmente, y tratas de aplicar la Palabra de Dios a la situación, y aun así parece que nada funciona, aquí te presento algunos puntos de evaluación que te ayudarán a encontrar dónde has perdido la conexión.

PRIMERO, REVISA TU PROPIA VIDA

Cuando me enfrento a la adversidad, lo primero que hago es encender el gran faro de Dios en mi corazón para revisar mi propia vida. Quiero descubrir si he pasado por alto algo que deba corregir. Jesús dijo: «Y cuando estén orando, si tienen algo contra alguien, perdónenlo, para que también su Padre que está en el cielo les perdone a ustedes sus pecados» (Marcos 11.25).

Si tengo envidia, contienda, celos, cólera o algo en contra de alguien, quiero saberlo. Digo: «Examíname, oh Dios, y sondea mi corazón; ponme a prueba y sondea mis pensamientos» (Salmo 139.23).

Sé que si no cierro bien todos los huecos, Satanás podría tener la ocasión de entrar. Él no tiene lugar a menos que nosotros se lo demos. La Biblia dice: «...ni den cabida al diablo» (Efesios 4.27).

El patriarca Job tenía un cerco a su alrededor. El diablo tuvo que admitir aquella verdad ante Dios diciendo: «¿Acaso no están bajo tu protección él y su familia y todas sus posesiones?» (Job 1.10). Un cerco es un muro que el diablo no puede atravesar. Pero descubrimos que Dios le consintió a Satanás traspasar el cerco porque Job permitió que el miedo entrara en su vida. Había un hueco. Él dijo: «Lo que más temía, me sobrevino; lo que más me asustaba, me sucedió» (Job 3.25). El miedo le abrió la puerta a

Satanás para que entrase y tratase de destruir a Job de la manera en que está escrito en el libro.

Revisa tu propia vida. Hay un cerco alrededor de ti. La sangre de Jesucristo está sobre ti. A tu alrededor acampan los ángeles del Señor. El Señor va delante de ti. La bondad y la misericordia te seguirán todos los días de tu vida. Por debajo están los Brazos Eternos.

El cerco que te rodea puede romperse por un espíritu rencoroso, celos, envidia, contiendas, mezquindad, codicia, lascivia, deseos malos, inmoralidad, lujuria o un pecado no perdonado. Muchas veces el muro se derriba por la ira no resuelta. «Si se enojan, no pequen. No dejen que el sol se ponga estando aún enojados» (Efesios 4.26).

Si la Palabra de Dios no está funcionando para ti, primero revisa tu propia vida. Examínate a ti mismo (1 Corintios 11.31).

«Si es posible, y en cuanto dependa de ustedes, vivan en paz con todos» (Romanos 12.18). Perdona a tu esposa. Perdona a tus hijos. Pídeles que te perdonen. La Palabra dice: «Más bien, sean bondadosos y compasivos unos con otros, y perdónense mutuamente, así como Dios los perdonó a ustedes en Cristo» (Efesios 4.32).

Mantén la contienda lejos de tu vida. Dios no trabajará para ti mientras vivas en rebelión abierta contra su Palabra.

SEGUNDO, REVISA TUS PROMESAS

Si no tienes ninguna promesa indudable de la Palabra de Dios que haya sido susurrada a tu corazón y hayas abrazado;

si no tienes ninguna promesa señalada, confirmada y real que Dios haya avivado en ti en tu situación actual, entonces tienes una conexión suelta.

Adéntrate en la Palabra de Dios. Medita en las Escrituras hasta que Dios hable a tu corazón. «Esfuérzate por presentarte a Dios aprobado, como obrero que no tiene de qué avergonzarse y que interpreta rectamente la palabra de verdad» (2 Timoteo 2.15).

No puedes tener fe para algo a menos que tengas una promesa de la Palabra de Dios. ¡Revisa tu Libro de Promesas!

Si estás confiando en Dios por las finanzas, revisa los versículos que tratan del tema. «Querido hermano, oro para que te vaya bien en todos tus asuntos y goces de buena salud, así como prosperas espiritualmente» (3 Juan 2).

Si estás confiando para una sanación, revisa las escrituras sobre sanidad. «Él mismo, en su cuerpo, llevó al madero nuestros pecados, para que muramos al pecado y vivamos para la justicia. Por sus heridas ustedes han sido sanados» (1 Pedro 2.24).

Sea lo que sea en lo que estés confiando, ¡revisa tus promesas! *¡La Palabra de Dios no cambiará nunca! ¡Nunca fallará!*

Tengo un amigo misionero en México que un día recogió a un autoestopista y empezó a hablar con él acerca del Señor. El hombre sacó una pistola, le apuntó con ella y le dijo que tomara una carretera secundaria. Aquel convicto planeaba llevarse el coche y todo lo que hubiera en él y abandonar a mi amigo en un lugar desierto.

Mi amigo se giró hacia su acompañante y dijo: «No puedes hacerme esto. Tengo más poder del que tú tienes. "Mayor es el que está en mí que el que está en el mundo"».

El preso dijo: «Conduce».

Mi amigo siguió manejando, sintiendo el arma clavada en el costado. Pero dijo: «No puedes hacerme esto. La Biblia dice que tengo todo el poder sobre el diablo, quien te está obligando a hacer esto. No puedes hacerme esto».

El convicto le hizo conducir por una carretera desierta y detenerse. Entonces salió del vehículo.

Mi amigo insistió: «¡No puedes hacerme esto! Tengo a Jesús en mí. En el nombre de Jesús, no puedes hacerme esto».

El hombre le hizo dirigirse hacia un campo y le dijo que se quitara la ropa. Allí estaba mi amigo en ropa interior... ¡un hombre de Dios con una fe y un poder inquebrantables!

Realmente parecía como si nada funcionase y todo hubiese fracasado.

Cuando el convicto se alejaba hacia el coche, mi amigo alzó la voz una vez más y gritó: «En el nombre de Jesús no puedes hacerme esto. ¡Te ordeno en el nombre de Jesús que regreses! ¡Satanás, estás derrotado en el nombre de Jesús!».

Al cabo de unos momentos el preso regresó, le tendió a mi amigo sus ropas y dijo: «Amigo, ¡me gustas!».

¡Hay poder en el nombre de Jesús! Puede parecer que el enemigo te esté reduciendo a la nada, pero si revisas tus promesas y depositas toda tu confianza en la Palabra de Dios, obtendrás la victoria.

Una vez que afirmes la Palabra de Dios en ti ya no habrá enfermedades, ni pobreza, ni dolencias, ni derrota, ni calamidades, ¡porque la Palabra de Dios está afirmada en *ti* para siempre!

Debes afirmarla.

La Palabra de Dios te llevará a una esfera superior de la fe. «Así que la fe viene como resultado de oír el mensaje, y el mensaje que se oye es la palabra de Cristo» (Romanos 10.17).

Revisa tus promesas. Descubre lo que Dios dice. Comprueba si te ha dicho la verdad. Verifica si aún dice lo que tú crees que dice.

¿Depositaste tu confianza en Su Palabra al principio? ¿Tuviste fe en Jesús antes de atravesar este valle? La Palabra de Dios no va a cambiar.

Acuérdate de Dios y recuérdate lo que Dios dice.

Deja de farfullar, murmurar, quejarte, refunfuñar, rezongar y lamentarte. *¡Revisa tus promesas!*

TERCERO, REVISA TU CONFESIÓN DE FE

Jesús dijo: «Les aseguro que si alguno le dice a este monte: "Quítate de ahí y tírate al mar", creyendo, sin abrigar la menor duda de que lo que dice sucederá, lo obtendrá» (Marcos 11.23).

Jamás estarás por encima de tu confesión. Jamás te hundirás más bajo que tu confesión.

Mucha gente tiene la idea de que si puede tomar la Palabra de Dios en una emergencia y citarla, funcionará. ¡Y no funcionará!

Tendrás aquello que digas o aquello que hayas estado diciendo continuamente. No puedes estar hablando como quieras todo el tiempo y de repente citar la Palabra de Dios y esperar un milagro. No funciona así.

Debes entrenarte para hablar y creer la Palabra de Dios constantemente y vivirla a diario.

«En la lengua hay poder de vida y muerte» (Proverbios 18.21).

Revisa tus palabras. Normalmente, cuando tienes un problema es porque no estás diciendo lo que Dios dice acerca de la situación. En vez de eso, especulas, conjeturas, discurres y observas las circunstancias en lugar de fijarte en la Palabra de Dios. La Palabra de Dios dice que debemos «destruir argumentos y toda altivez que se levanta contra el conocimiento de Dios, y llevar cautivo todo pensamiento para que se someta a Cristo» (2 Corintios 10.5).

Si hay toda clase de pensamientos opuestos en tu mente, siempre y cuando rechaces pronunciar esos pensamientos, morirán sin haber nacido. Una vez que los hables, ¡les darás vida! Reemplaza los pensamientos negativos con los pensamientos de Dios: la Biblia.

Medita en la Palabra de Dios. Di lo que Dios dice acerca de tu situación.

Antes siquiera de salir de la cama por la mañana, ora en el Espíritu Santo. Confiesa lo que la Palabra de Dios dice acerca de ti. Conoce quién eres en Cristo. Ora con las siguientes palabras:

«...que el Dios de nuestro Señor Jesucristo, el Padre glorioso, les dé el Espíritu de sabiduría y de revelación, para que lo conozcan mejor. Pido también que les sean iluminados los ojos del corazón para que sepan a qué esperanza él los ha llamado, cuál es la riqueza de su gloriosa herencia entre los santos, y cuán incomparable es la grandeza de su poder a favor de los que creemos. Ese poder es la fuerza grandiosa y eficaz que Dios ejerció en Cristo cuando lo resucitó de entre los muertos y lo sentó a su derecha en las regiones celestiales, muy por encima de todo gobierno y autoridad, poder y dominio, y de cualquier otro nombre que se invoque, no solo en este mundo sino también en el venidero. Dios sometió todas las cosas al dominio de Cristo, y lo dio como cabeza de todo a la iglesia. Esta, que es su cuerpo, es la plenitud de aquel que lo llena todo por completo» (Efesios 1.17–23).

«...para que por fe Cristo habite en sus corazones. Y pido que, arraigados y cimentados en amor, puedan comprender, junto con todos los santos, cuán ancho y largo, alto y profundo es el amor de Cristo; en fin, que conozcan ese amor que sobrepasa nuestro conocimiento, para que sean llenos de la plenitud de Dios. Al que puede hacer muchísimo más que todo lo que podamos imaginarnos o pedir, por el poder que obra eficazmente en nosotros, ¡a él sea la gloria en la iglesia y en Cristo Jesús por todas las generaciones, por los siglos de los siglos! Amén» (Efesios 3.17–21).

Cuarto, revisa el campo de batalla en el que estás luchando

Si alguna vez el diablo te lleva a pelear en el campo del razonamiento fijándote en tus síntomas, te derrotará una y otra vez. Permanece en el ruedo de la fe y ganarás en todas las ocasiones.

Revisa el campo de batalla en el que estás luchando. ¿Estás tratando de pelear con Satanás en el escenario de la razón? ¿Estás intentando intelectualizar tu problema? ¿Estás luchando contra los síntomas y procurando razonar por qué? ¡*Detente!* Adéntrate en el reino de la fe. Di esto: «No importa lo que la situación aparente. Puede que parezca que estas circunstancias no van a cambiar nunca, pero en Mateo 21.22 Jesús dijo: "Y todas estas cosas, todo lo que pidas en oración, creyendo, lo recibirás"» (paráfrasis).

¡Cree en Dios!

QUINTO, REVISA TUS COMPAÑÍAS Y AMISTADES

¿Estás en constante comunión con gente de fe? Si te asocias con personas que no pueden apoyarte en fe, puede que te encuentres luchando para aferrarte a tu promesa.

Te convertirás en alguien semejante a los individuos con los que te asocies. «No se dejen engañar: "Las malas compañías corrompen las buenas costumbres"» (1 Corintios 15.33). Haz amistad con hombres y mujeres de fe. Por supuesto, abre tu corazón a todas las personas y comparte el amor de Jesús, pero cuando busques consejo y compañía, y cuando escuches y seas exhortado, asegúrate de que has elegido a gente establecida en la Palabra de Dios y en la fe.

¡Tus oídos no son cubos de basura! Marcos 4.24 dice: «Pongan mucha atención —añadió—. Con la medida que midan a otros, se les medirá a ustedes, y aún más se les añadirá».

No apruebes la incredulidad y la duda. No busques consejo de gente que busque reproches en la Palabra de Dios.

¡*Posiciónate!* Haz lo correcto. No comprometas la Palabra de Dios. Si alguien te dice algo que te hunde, responde con la Palabra de Dios.

El apóstol Pablo nos recuerda que busquemos la comunión con el pueblo de Dios: «Que habite en ustedes la palabra de Cristo con toda su riqueza: instrúyanse y aconséjense unos a otros con toda sabiduría; canten salmos, himnos y canciones espirituales a Dios, con gratitud de corazón» (Colosenses 3.16).

Revisa tus compañías y amistades.

Sexto, revisa si estás obedeciendo las Escrituras

Mucha gente vive vidas bien mundanas. Ignoran los mandamientos de Dios. Cuando tratan de apropiarse de las promesas de Dios, fracasan.

La Biblia dice: «No se inquieten por nada; más bien, en toda ocasión, con oración y ruego, presenten sus peticiones a Dios y denle gracias» (Filipenses 4.6).

«Pónganse toda la armadura de Dios para que puedan hacer frente a las artimañas del diablo» (Efesios 6.11).

Debes saber quién eres en Cristo para poder resistir los ardides del enemigo.

«No se contenten solo con escuchar la palabra, pues así se engañan ustedes mismos. Llévenla a la práctica. El que escucha la palabra pero no la pone en práctica es como el que se mira el rostro en un espejo y, después de mirarse, se va y se olvida en seguida de cómo es. Pero quien se fija atentamente en la ley perfecta que da libertad, y persevera en ella, no olvidando lo que ha oído sino haciéndolo, recibirá bendición al practicarla» (Santiago 1.22–25).

Debes *practicar* la Palabra de Dios. No te hará ningún bien a menos que la obedezcas.

Jesús contó la historia de dos hombres que construyeron una casa, uno en la roca y el otro en la arena. «Por tanto, todo el que me oye estas palabras y las pone en práctica es como un hombre prudente que construyó su casa sobre la roca. Cayeron las lluvias, crecieron los ríos, y soplaron los vientos y azotaron aquella casa; con todo, la casa no se derrumbó porque estaba cimentada sobre la roca. Pero todo el que me oye estas palabras y no las pone en práctica es como un hombre insensato que construyó su casa sobre la arena. Cayeron las lluvias, crecieron los ríos, y soplaron los vientos y azotaron aquella casa, y esta se derrumbó, y grande fue su ruina» (Mateo 7.24–27).

La primera casa resistió porque aquel hombre era un hacedor de la Palabra.

Cuando el Señor dice: «No dejen que el sol se ponga estando aún enojados» (Efesios 4.26) debes obedecer. Cuando el Señor dice: «Sean bondadosos unos con otros» (Efesios 4.32) debes obedecer. Cuando el Señor dice: «Perdonen» (Lucas 6.37) debes obedecer.

Santiago 4.7 nos dice: «Así que sométanse a Dios. Resistan al diablo, y él huirá de ustedes». Asegúrate de que estás sometiendo tu vida entera a Dios.

Como hizo Pedro, obedece a Jesús cuando hable a tu corazón y di: «mas en tu palabra echaré la red» (Lucas 5.5 RV60) aun cuando no tenga sentido para ti.

SÉPTIMO, REVISA TU VIDA DE ALABANZA

¿Estás mostrando tu fe alabando a Dios *antes* de ver la respuesta? La Palabra de Dios nos dice: «Bendeciré al Señor en todo tiempo; mis labios siempre lo alabarán» (Salmo 34.1).

Comprueba si estás alabando a Dios como si ya tuvieras la respuesta. Si actúas, hablas y alabas a Dios como si la tuvieras, *¡la tendrás!*

Déjame recordarte lo que dije anteriormente: Jesús alabó a Dios por levantar a Lázaro de la muerte *antes* de que sucediera. De pie ante aquella tumba dijo: «Padre, te doy gracias porque me has escuchado [Te doy las gracias porque por lo que a mí respecta, ya lo has levantado]» (Juan 11.41).

Alguien podría decir: «A mí me daría miedo decir eso. ¡Lázaro podría no salir!». ¡Claro que no saldría con esa actitud de duda!

Josué y los hijos de Israel gritaron triunfalmente *antes* de que los muros cayeran (Josué 6.5).

Abraham alabó a Dios *antes* de ver siquiera a Isaac (Romanos 4.17).

Si haces esta evaluación, descubrirás donde está la conexión suelta. Con un pequeño ajuste, de nuevo te pondrás en marcha.

La Palabra de Dios nunca falla.

Hombre de fe, el Señor Jesús jamás te fallará. Deposita tu confianza inquebrantable en Él. ¡Saldrás victorioso en todas las ocasiones!

Reflexión de
JOEL

No te equivoques, habrá oposición en tu vida; habrá armas apuntándote, y pueden ser formidables y espantosas. No pasarás por debajo; pasarás por en medio. La Escritura dice: «Muchas son las angustias del justo, pero el Señor lo librará de todas ellas» (Salmo 34.19).

Cuando las cosas se ponen difíciles o no te salen bien, mantén tu confianza. La Biblia dice que cuando has hecho todo lo que sabes hacer, solo debes permanecer fuerte. Sigue orando, sigue creyendo, sigue cantando canciones de alabanza. Sigue peleando la buena batalla de la fe. Si haces eso, Dios promete sacarte victorioso en cada ocasión.

CAPÍTULO TRECE

Jesús, *el* autor *y* consumador *de* nuestra fe

No hay límites para lo que un hombre de fe puede hacer por Dios, sin importar dónde esté, si aprende los fundamentos de la fe, se atreve a creer en Dios y actúa en Su Palabra.

Antes de terminar este libro quiero recordarte que la fe no es algo que *intentas* de vez en cuando. La fe no es algo que te sacas del bolsillo en caso de emergencia o durante los momentos difíciles para tratar de hacer mejor las cosas. Mucha gente enseña acerca de la fe, pero jamás mencionan al Señor Jesucristo, presentando la fe como si fuese una fórmula o algo mecánico.

La fe es un modo de vida.

Leemos en Hebreos 12.1–2: «Por tanto, también nosotros, que estamos rodeados de una multitud tan grande de testigos, despojémonos del lastre que nos estorba, en especial del pecado que nos asedia, y corramos con perseverancia la carrera que tenemos por delante. *Fijemos la mirada en Jesús, el iniciador y perfeccionador de nuestra fe*, quien por el gozo que le esperaba, soportó la cruz, menospreciando la vergüenza que ella significaba, y ahora está sentado a la derecha del trono de Dios».

La fe está relacionada con una persona viva, el Señor Jesucristo.

Jesús está vivo y le va muy bien. Aún es el Señor de toda la creación y del universo entero. Aún tiene todo el poder y la autoridad en el cielo y en la tierra.

Jesús es el autor y consumador de nuestra fe.

Por lo tanto... mantén una comunión continua con el Señor Jesús. Sé consciente de Su dulce presencia en tu vida diaria.

Ámale. Adórale. Alábale.

Toma tiempo para estar con Jesús y deja que Él te pastoree. Permítele que te enseñe la Palabra de Dios.

«Síganme, y los haré...»

Jesús dijo: «Vengan, síganme, y los haré pescadores de hombres» (Mateo 4.19). *Vivir una vida de fe es seguir a Jesús.* No es quedarse en un sitio confortable y estático donde puedes decirte: «Ya lo tengo todo». Como hombres de fe, continuamente estamos sujetos a la llamada del Maestro. Él no dijo que le siguiéramos durante un tiempo y después nos sentásemos y dejáramos de seguirle. Dondequiera que Jesús vaya y te invite a acompañarle, deberías hacerlo.

Hay grandes recompensas cuando sigues a Jesús. Si le sigues, te llevará donde están los peces. Te guiará donde la moneda está en la boca del pez. Suplirá tus necesidades. Te dará una vida donde Su yugo es fácil y Su carga, ligera (Mateo 11.30).

Nuestra responsabilidad como hombres de fe inquebrantable es seguir a Jesús. No tienes que decidir qué quieres hacer y dónde quieres ir. ¡Sigue a Jesús según te dirija! No importa qué dificultades atravieses, Jesús está haciendo el mismo camino que tú. Conoce cada grieta, cada obstáculo y cada bendición. Tu parte es seguirle.

Dios tiene un lugar llamado *allí* para ti

Vivimos en un mundo lleno de problemas, tensiones y caos. No hay duda de que nuestros días son similares a aquellos que leímos en relación al profeta Elías, al que hemos estudiado exhaustivamente en este libro. En 1 Reyes 17 Elías representa al hombre de fe que se mantuvo fuerte en Dios durante un periodo de sequía, angustia y gran agitación espiritual y social. Fue de suma importancia que Elías *escuchara* a Dios y que hiciera *exactamente* lo que Dios le dijo. Nuestra responsabilidad hoy en día es sintonizar nuestro espíritu con el Espíritu Santo, escuchar a Dios, hacer lo que nos dice que hagamos e ir donde nos dice que vayamos. Cuando hagamos estas cosas, nuestras necesidades serán suplidas, ¡y estaremos a salvo!

Elías dejó de lado su rutina diaria y oró. Buscó a Dios. Es importante ponerse en contacto con Dios, escucharle. Debemos alejarnos de la gente. Hay un tiempo en el que debemos apartarnos. La gente te confundirá y te desalentará. Hablarán de otras personas. Minarán tu fe en muchas ocasiones. Como hizo Elías, a veces necesitas estar a solas y subir al monte de Dios, por encima de la niebla y el humo de este mundo. Agarra con tus dedos las vestiduras de Dios y di: «Padre, Padre mío, ¡no te dejaré ir hasta que me bendigas!». Debemos buscar a Dios diligentemente y seguir Sus instrucciones para nuestra vida.

Elías oyó la voz de Dios. «Entonces la palabra del Señor vino a Elías y le dio este mensaje...» (1 Reyes 17.2–4). Dios le dijo dónde ir y qué hacer. Le ordenó: «Sal de aquí hacia el oriente, y escóndete en el arroyo de Querit, al este del Jordán. Beberás agua del arroyo, y yo les ordenaré a los cuervos que te den de comer *allí*».

Dios puede decirte dónde ir. Él tiene un *lugar* llamado *allí* para ti. Ese lugar llamado *allí* es donde Dios dijo: «y yo les ordenaré a los cuervos que te den de comer allí». Si no estás en ese lugar llamado *allí*, te vas a perder la plenitud de las bendiciones de Dios en tu vida.

En mi propia experiencia, Dios me envió de regreso desde las islas Filipinas a pastorear la iglesia de Lakewood en 1969. En aquel tiempo yo no quería volver porque había estado viajando por todo el mundo predicando el evangelio. Pero ya lo ves, la iglesia de Lakewood era mi lugar llamado *allí*. Si hubiera dicho «No, no voy a ir», me hubiera metido en un lío, porque ahí es donde Él me llamó a seguirle.

Estoy convencido de que hay un lugar llamado *allí* para cada creyente. Eso no significa que nunca vaya a haber batallas que pelear. No significa que no vayas a enfrentarte a pruebas y ensayos. Pero cuando estás en tu *allí*, puedes adentrarte en la paz y el descanso de Dios. Cuando te encuentras en el lugar llamado *allí*, los cuervos vendrán y habrá una amplia provisión y bendición.

Especialízate en amar a Jesús. Arrópate en tu devoción por Él. Haz que sea el primero en tu vida, y ve adonde Él te dirija. Encamínate a ese lugar llamado *allí*, y Él abastecerá cada necesidad que tengas a medida que sea Él quien lleve el mando. Dios tiene recursos ilimitados para ti.

No dejes de seguir a Jesús

Solo porque Dios te envíe a un determinado lugar no significa que vayas a quedarte allí para siempre. Por lo que respecta a Elías, él «se fue al arroyo de Querit, al este del Jordán, y allí permaneció, conforme a la palabra del Señor. Por la mañana y por la tarde los cuervos le llevaban pan y carne, y bebía agua del arroyo. Algún tiempo después, se secó el arroyo porque no había llovido en el país» (1 Reyes 17.5–7).

Hay momentos en que Dios quiere que sigas adelante. No intentes quedarte cuando tu arroyo se seque. *Dios no va hacerlo todo igual a lo largo de tu vida.* Si tu arroyo se seca y de repente todo va mal, examínate a ti mismo. Ve ante Dios y di: «Señor, estás conmigo aquí? ¿Estás tratando de decirme algo?».

Dios tenía un nuevo *allí* para Elías. «Entonces la palabra del Señor vino a él y le dio este mensaje: "Ve ahora a Sarepta de Sidón, y permanece allí"» (vv. 8–9). En esta ocasión, en medio de la gran calamidad de aquel momento, Dios usó a una viuda para proveer milagrosamente a Elías, y durante el tiempo de la hambruna Dios suplió toda necesidad. Si estás en el lugar llamado *allí*, donde Jesús te ha enviado, Él te sostendrá.

Busca a Dios. Asegúrate de encontrarte en ese lugar llamado *allí*. Entonces Dios se encargará de satisfacer todas tus necesidades, y tú alcanzarás la plenitud de tu potencial como un hombre de fe inquebrantable.

CONVIERTE ESTO EN TU ORACIÓN

«Padre, en el nombre de Jesús, busco tu guía divina para mi vida. Te doy gracias porque Jesús vive en mí, y la Biblia dice que Tú le hiciste nuestra sabiduría. Me dijiste que si me faltaba sabiduría debía pedírtela, y que Tú me suplirías generosamente con sabiduría para todas las situaciones. Ahora te la pido, y te doy las gracias, Padre, porque desde este mismo momento me estás proveyendo con la sabiduría que necesito.

»Soy Tu oveja, y oigo Tu voz, y no seguiré a ninguna otra voz. Confío en Ti, Señor, con todo mi corazón, y no me fío de mi propio entendimiento. Te reconozco en todos mis caminos, y sé que estás dirigiendo mis pasos. Sigo la senda de la paz porque Jesús, el Príncipe de Paz, vive en mí.

»Tu Palabra es lámpara a mis pies y luz a mi camino. Cuando leo y medito en Tu Palabra, Tú me hablas. Te doy gracias, Padre, porque el Espíritu Santo vive en mí y me guía a toda verdad. No me guiará al error, sino solo a la verdad y al bien. Mi espíritu da testimonio del Espíritu Santo, confirmando la voluntad de Dios para mi vida.

»Me posiciono en contra de la confusión o la frustración, y audazmente declaro que descansaré en Tu amor. Me comprometo a seguirte dondequiera que me guíes, Jesús. Gracias, Señor, por sostenerme en Tu camino perfecto. Amén».

LA FE ESTÁ RELACIONADA CON UNA PERSONA VIVA,

el Señor Jesucristo.

Reflexión de
JOEL

Tal vez hayas recibido malas noticias del doctor. Quizá has perdido a tu principal cliente en el trabajo. Puede que acabes de enterarte de que tu hijo tiene problemas. Puede que te estés enfrentando a otros contratiempos igual de serios, y te sientas como si la vida se hubiese desplomado sobre ti, haciéndote caer y empujándote a lo más bajo. Tal vez hoy te encuentres en una situación donde has hecho todo lo posible. Has orado y creído. Has depositado tu fe firmemente en la verdad de la Palabra de Dios. Pero parece que nada bueno sucede. Te sientes tentado a decir: «¿De qué sirve? Nunca va a cambiar».

¡No te rindas! Sigue en pie. Sigue orando; sigue creyendo; sigue esperando en fe. «Recurran al Señor y a su fuerza; busquen siempre su rostro» (Salmo 105.4).

Acerca de los autores

El fallecido John Osteen fue pastor, evangelizador, autor y maestro durante sesenta años. Fundó la iglesia Lakewood en Houston, Texas, en 1959. Durante dieciséis años fue presentador del programa de televisión semanal *John Osteen*, seguido por millones de personas en Estados Unidos y en otros 100 países, y producido por su hijo Joel Osteen. Viajó por todo el mundo llevando el mensaje de amor, sanidad y poder de Dios a personas de todas las naciones.

Para más información sobre la iglesia Lakewood visite www.lakewood.cc.

Joel Osteen es oriundo de Texas y el pastor de Lakewood Church, la cual según *Church Growth Today* es la iglesia más grande y de crecimiento más rápido de Estados Unidos con más de 38,000 asistentes. De acuerdo a Nielsen Media Research, Joel es la figura inspiradora con mayores telespectadores en Estados Unidos. Su sermón semanal se transmite en los mercados televisivos y es vista en casi 100 países alrededor del mundo. En 2004, su primer libro *Tu mejor vida ahora* debutó entre los primeros de la lista de gran éxito de librerías del *New York Times* y rápidamente llegó al #1. Permaneció en la lista del *New York Times* por más de dos años y ha vendido más de 4 millones de ejemplares. Su siguiente libro, *Lo mejor de ti*, salió a la venta en octubre de 2007 y al instante fue un gran éxito de librerías del *New York Times*, permaneciendo en la lista por más de 7 meses y vendiendo más de 1.6 millones de ejemplares.